Le Chemin De Ma Vie

Victime De Ma Propre Parole

Soro T. Minata Esther

© *2024 Soro T. Minata Esther. Tous droits réservés.*

Aucune partie de ce livre ne peut être reproduite, distribuée ou transmise sous quelque forme que ce soit, y compris par photocopie, enregistrement ou tout autre moyen électronique ou mécanique, sans l'autorisation préalable écrite de l'auteur, sauf dans le cadre d'extraits brefs cités dans des critiques ou des articles. Pour obtenir l'autorisation de reproduire une partie de ce livre, veuillez contacter l'auteur à l'adresse suivante : tieplesoro5@gmail.com

Avertissement

Ce livre est une œuvre basée sur les expériences vécues par une amie proche de l'auteur, qui a généreusement partagé son histoire pour qu'elle soit relatée. Les noms utilisés dans ce récit ont été délibérément modifiés pour protéger l'identité des personnes impliquées. Toute ressemblance avec des personnes réelles, vivantes ou décédées, des événements ou des lieux réels est purement fortuite. Ce livre n'a pas été écrit dans l'intention de nuire ou de se venger de qui que ce soit, mais plutôt pour partager une expérience de vie marquée par la résilience et la foi.

Si certains éléments de cette histoire vous semblent familiers ou si vous vous reconnaissez dans certains aspects de ce récit, sachez que ce n'est qu'une pure coïncidence. L'auteur s'est efforcé de présenter cette histoire de manière respectueuse et discrète, en se concentrant sur les leçons de vie et les moments de transformation. Ce livre est avant tout un témoignage d'écoute et de soutien, offrant une voix à ceux qui ont traversé des épreuves similaires et cherchant à inspirer les lecteurs à trouver leur propre chemin vers la guérison et la paix intérieure.

L'Editeur: Light Book Editions
www.lightbookseditions.com

Remerciements

Je tiens à exprimer ma profonde gratitude à tous ceux qui ont contribué à la réalisation de ce livre. À mes enfants, qui ont été ma source constante de motivation et d'inspiration, merci pour votre amour inconditionnel et votre soutien indéfectible. Vous êtes ma force et ma raison de continuer à avancer.

Je remercie chaleureusement **Maman Virginie, Pasteur Yao,** *le* **Prophète Agnero, l'évangéliste Augustin, l'Apôtre Gospel** *pour leur soutien spirituel inestimable. Vos prières, votre sagesse et votre présence ont été des phares de lumière dans les moments les plus sombres de ma vie aussi et les conseils pour la réalisation de cette oeuvre. Vous avez été des piliers de foi et de réconfort, et je vous en serai éternellement reconnaissante.*

Je souhaite également remercier tous les amis surtout toute ma promotion de l'INJS, Mlle Joëlle (St esprit), Mme Brusset Loba, Mr Yapo (mon voisin), vos encouragements, vos prières et vos gestes de bonté ont été des cadeaux précieux qui ont aidé à écrire, moi qui n'avait jamais écris plus de dix pages, vous m'avez poussez jusqu'a la fin de cette oeuvre.

Grand merci a la maison d'edition **Light Books Editions** *et à mon ami qui m'a introduit au boss qui m'a tendu la main me rappelant que le destin à ses propres plans et que la vie réserve souvent de belles surprises.*

À tous ceux qui m'ont inspirée et soutenue, directement ou indirectement, merci du fond du cœur. Ce livre est le fruit de votre amour, de votre foi et de votre bienveillance. A Ruth, merci infiniment pour ton courage - ***Que Dieu vous bénisse abondamment.***

Préface

Ce livre relate l'histoire de Ruth, une histoire de résilience, de foi et de renaissance. Il est basé sur les expériences vécues par une amie proche qui a généreusement accepté de partager son récit afin qu'il soit relaté. Cette amie, à qui j'ai prêté une oreille attentive pendant de longues heures, a versé des larmes avec moi, prié ensemble, et nous avons traversé ensemble des moments de doute et de lutte. En écoutant son histoire, j'y ai trouvé des résonances profondes avec ma propre vie, ce qui m'a inspiré à écrire ce livre avec sa permission.

Ce projet m'a pris des mois de travail acharné, de réflexion et de prière. Aujourd'hui, je remercie Dieu pour nous avoir conduits jusqu'à ce point. Cette histoire, bien que personnelle, est universelle et a le pouvoir de toucher et d'encourager de nombreuses personnes. J'ai beaucoup hésité à la publier, mais après mûre réflexion, j'ai compris qu'il était important de le faire. Ce livre est un témoignage de courage et d'espoir, un rappel que, malgré les épreuves, il est toujours possible de se relever et de trouver la lumière.

Née dans un petit village niché au cœur de la région du Poro, Ruth a grandi entourée de montagnes verdoyantes et de rivières murmurantes. Sa vie a été une mosaïque de moments de joie et de tristesse, de rires et de larmes, de lumière et d'ombre. Depuis son enfance, elle a appris à naviguer les eaux tumultueuses de l'existence, guidée par une foi inébranlable et un amour profond pour ses proches.

Ce livre est le récit de son parcours, depuis les jours insouciants de sa jeunesse jusqu'aux épreuves qui ont marqué son mariage avec Julien. C'est une histoire de promesses tenues et brisées, de combats spirituels intenses, et de la quête incessante pour trouver un sens et une paix intérieure. Son chemin a été parsemé de défis, mais chaque obstacle l'a rendue plus forte, lui a appris des leçons précieuses et l'a rapprochée de sa véritable essence.

Au fil des années, elle a fait face à des forces obscures, à la jalousie et à l'incompréhension, mais elle a toujours trouvé refuge dans sa foi en Jésus-Christ. Ce livre est également un témoignage de la puissance de la prière et de la providence divine, qui l'ont guidée à travers les tempêtes de la vie. Elle a découvert que, même dans les moments les plus sombres, il y a toujours une lueur d'espoir, une lumière qui éclaire notre chemin et nous pousse à avancer.

Le parcours que Ruth partage ici n'est pas seulement le sien, mais celui de toutes les femmes et de tous les hommes qui ont lutté pour leur dignité, leur liberté et leur bonheur. C'est une histoire universelle de résilience, de rédemption et de l'invincible pouvoir de l'amour. En partageant son histoire, elle espère offrir un message d'espoir et de foi, inspirant ceux qui traversent des épreuves similaires à ne jamais abandonner, à toujours croire en la possibilité d'un avenir meilleur.

Les pages qui suivent racontent non seulement les défis et les chagrins, mais aussi les moments de joie, de victoire et de transformation. Elles témoignent des miracles qui se produisent lorsque nous ouvrons notre cœur à la grâce divine et à l'amour inconditionnel. Que ce récit soit une source de réconfort et d'inspiration pour tous ceux qui le lisent, leur rappelant que, peu importe les obstacles, la vie est un voyage magnifique et précieux.

Bienvenue dans son histoire, bienvenue dans Le Chemin de Ma Vie

"Mais ceux qui se confient en l'Éternel renouvellent leur force. Ils prennent leur vol comme les aigles; ils courent et ne se lassent point, ils marchent et ne se fatiguent point."

Ésaïe 40:31

Le Chemin de Ma Vie

Table de Matières

Préface iv

Introduction 9

Chapitre 1 : Une enfance joyeuse et bavarde 13

Chapitre 2 : La rencontre avec Julien 31

Chapitre 3 : La promesse piégée 58

Chapitre 4 : Le mariage et la réalité occultée....... 72

Chapitre 5 : L'emprise de la spiritualité obscure..93

Chapitre 6 : Luttes intérieures et angoisses 109

Chapitre 7 : Lueur d'espoir et rédemption 121

Chapitre 8 : Retrouvailles inattendues, l'amour perdu 134

Retrouvailles inattendues, l'Amour Perdu..........134

> ❖ *Le Jour de la Rencontre* 142
>
> ❖ *Une Soirée de Confidences et de Nouvelles Perspectives* 149

Conclusion 158

Introduction

Le chemin de ma vie a été parsemé de joies et de peines, une danse entre l'ombre et la lumière. Ce livre raconte l'histoire d'une jeune fille pleine d'enthousiasme et toujours joyeuse, qui illuminait son entourage par sa présence. Depuis mon enfance, ma parole débordait, emportant souvent ceux qui m'écoutaient dans un tourbillon de conversations interminables. Cependant, cette même parole qui me définissait est devenue la prison de ma propre existence. Dans le tourbillon de mon adolescence, j'ai rencontré Julien, un élève brillant et aîné de quelques années. Son intelligence et son assurance ont rapidement capté mon attention. Julien n'était pas seulement un modèle académique, mais aussi un jeune homme charismatique qui, de par sa maturité, a su me charmer. À travers nos échanges et nos moments partagés, je me suis laissée emporter par ce qui semblait être le début d'un grand amour.

Au fil du temps, nos relations se sont approfondies et Julien m'a fait des avances que j'ai fini par accepter. En lui donnant ma parole, j'ai cru sceller une promesse d'amour et de bonheur éternel. Pourtant, cette parole, donnée avec tant d'innocence et de conviction, s'est transformée en une cage dorée. Ce que je pensais être un engagement amoureux s'est révélé être un mirage, un rêve fragile qui s'effritait sous le poids des réalités. Le mariage avec Julien n'était pas seulement l'union de deux cœurs, mais aussi l'entrée dans un monde imprégné de spiritualité familiale et de sorcellerie. Très vite, j'ai découvert que la famille de Julien était impliquée dans des pratiques occultes qui décimaient leurs propres rangs. Julien lui-même, dans sa quête de pouvoir et de reconnaissance en politique, s'était tourné vers le fétichisme et le maraboutage, espérant ainsi se frayer un chemin vers le succès.

Cette plongée dans un univers sombre et inquiétant a façonné notre mariage de manière irrémédiable. Les courtes périodes de joie que nous avons connues étaient noyées sous une mer de tristesse, de pleurs et d'angoisse. Les sacrifices personnels et les compromis incessants que j'ai dû faire ont profondément marqué mon esprit et mon cœur. Malgré tout, une lueur d'espoir persistait, guidée par ma foi indéfectible en la main protectrice du Seigneur Jésus. Chaque jour était une bataille pour maintenir un semblant de normalité dans un mariage miné par des pratiques spirituelles destructrices. Mes larmes et mes prières étaient mon seul refuge face à l'angoisse grandissante. La foi en Jésus-Christ m'a soutenue à travers les épreuves les plus difficiles, offrant une lumière dans l'obscurité qui menaçait de m'engloutir. C'est cette foi qui m'a donné la force de tenir bon et de ne pas sombrer dans le désespoir.

Un jour, contre toute attente, la vie m'a offert une seconde chance. J'ai retrouvé l'homme de ma vie, celui que j'avais perdu de vue depuis vingt ans. Cette retrouvaille inattendue a marqué un tournant décisif dans mon existence, ouvrant la porte à une nouvelle perspective remplie d'espoir. L'amour retrouvé m'a redonné la force de croire en un avenir meilleur, loin des ténèbres qui avaient assombri mon mariage. À travers ce livre, je souhaite partager avec vous le récit de mon parcours, les leçons que j'ai apprises et les moments de grâce qui ont éclairé mon chemin. Mon histoire est une preuve que même dans les moments les plus sombres, la lumière de la foi et de l'espoir peut briller et nous guider vers un nouveau départ. Que ce témoignage soit une source d'inspiration et de réconfort pour tous ceux qui traversent des épreuves similaires, en rappelant que la rédemption est toujours possible.

Chapitre 1

Une Enfance Joyeuse et Bavarde

Je m'appelle Ruth, je suis la dernière de ma mère, née d'un père presque polygame. Un foyer polygame que j'ai dû écouter de par ma jalousie. J'aimais mon père et j'étais la fille unique de ma mère. Mon histoire commence dans un petit village niché au cœur de la région du Poro, un endroit magique où la nature et la tradition se côtoient harmonieusement. Notre village était un véritable tableau vivant, coloré par la verdure luxuriante, encadré par quatre montagnes majestueuses et traversé par des rivières scintillantes. Mon enfance a été marquée par une joie de vivre contagieuse. Dès mon plus jeune âge, je répandais l'enthousiasme autour de moi. J'étais cette fille que tout le monde connaissait pour son rire éclatant et son énergie débordante. Mon enthousiasme était comme un rayon de soleil, éclairant les journées des villageois et rendant chaque moment plus agréable. Ma mère avait longtemps espéré ma venue. Après avoir eu plusieurs garçons, elle désirait ardemment une fille. Lorsqu'elle m'a enfin eue, j'étais pour elle un véritable trésor. Elle me chérissait avec une tendresse infinie, consciente que j'étais son unique héritière. Cette affection particulière nous liait d'un amour profond et indéfectible.

Ruth, c'était moi, mais c'était aussi le nom que les gens murmuraient avec admiration et parfois avec un sourire amusé. "La fille garçon", m'appelaient-ils. J'étais connue pour mes talents multiples et ma capacité à rivaliser avec les garçons de mon âge. Que ce soit pour grimper aux arbres, pêcher dans les rivières ou courir à travers les champs, je me battais avec détermination et souvent, je surpassais mes camarades masculins. Mon père, de son côté, m'adorait. Il voyait en moi la fille qu'il avait toujours souhaitée et il était fier de chacun de mes exploits. Nous partagions une relation spéciale, faite de respect et d'admiration. Il m'encourageait dans toutes mes entreprises et me soutenait dans chaque défi que je relevais. Son amour et son soutien étaient des piliers sur lesquels je m'appuyais constamment. Les journées de mon enfance étaient remplies d'aventures. Le village et ses environs étaient mon terrain de jeu. Les montagnes et les rivières me fascinaient, et je passais des heures à explorer chaque recoin, à grimper, à nager, à courir. La nature était mon amie, et elle m'enseignait chaque jour de nouvelles leçons.

Je me souviens des rivières claires où je pêchais avec mes frères et les autres enfants du village. Nous courions pieds nus sur les chemins de terre, riant et criant de joie. Les montagnes, quant à elles, étaient des défis que j'aimais relever. J'adorais grimper jusqu'au sommet et admirer la vue panoramique du village en contrebas, une mer de verdure et de vie. Ma relation avec les autres enfants du village était unique. Bien que j'étais la seule fille de ma mère, je me comportais comme un garçon, participant à toutes les activités et compétitions. Cela me valait le respect et l'admiration de mes pairs. Ils m'acceptaient comme l'une des leurs, une camarade égale en tout point. Chaque saison apportait son lot de plaisirs et de défis. L'été, avec sa chaleur étouffante, nous offrait des journées interminables de jeux aquatiques. L'automne, avec ses couleurs chatoyantes, était le moment des récoltes et des fêtes villageoises. L'hiver, même doux dans notre région, nous poussait à trouver de nouvelles façons de nous divertir. Le printemps, enfin, faisait éclore la nature et nos cœurs, renouvelant notre énergie et notre joie de vivre.

Ma mère me racontait souvent des histoires avant de m'endormir, des récits ancestraux qui parlaient de notre culture et de nos traditions. Ces histoires me fascinaient et nourrissaient mon imagination. Elles m'ont appris l'importance de nos racines et le respect des anciens. Elles m'ont aussi donné le désir de contribuer à la préservation de notre héritage. Malgré ma nature aventureuse et ma tendance à me comporter comme un garçon, j'avais une sensibilité particulière. J'aimais passer du temps avec ma mère, apprendre d'elle les secrets de notre famille et de notre village. Elle m'enseignait les arts traditionnels, la cuisine, la médecine des plantes. Chaque leçon était un cadeau précieux. En grandissant, j'ai commencé à comprendre l'importance de mon rôle en tant qu'unique héritière. Les attentes étaient grandes, mais je les acceptais avec fierté. Je voulais honorer l'amour et le soutien que je recevais de ma famille et de ma communauté. Cette responsabilité m'a poussée à me surpasser et à devenir une personne sur qui l'on pouvait compter.

Le village m'a façonnée de manière indélébile, me préparant aux défis et aux joies de l'avenir. Chaque moment passé dans ce cadre enchanteur, entourée de ceux que j'aimais, a été une pierre angulaire de la personne que je suis devenue. Cependant, ma vie a pris un tournant inattendu lorsque j'ai eu la chance d'échapper de justesse à l'histoire commune des filles de mon âge au village, celles qui ont fini dans un mariage indésiré et précoce. Dans notre village, il était courant que les filles soient mariées dès leur adolescence. Cette tradition, profondément enracinée dans nos coutumes, ne laissait que peu de place aux rêves et aux aspirations personnelles. J'observais mes amies d'enfance, une à une, se voir imposer des mariages arrangés. Elles échangeaient leurs jeux insouciants contre des responsabilités d'adultes, souvent avec des hommes beaucoup plus âgés. La perspective de suivre ce même chemin me terrifiait. Je savais que ma mère, qui avait toujours soutenu mes ambitions, ne voulait pas de cette vie pour moi. Elle avait longuement prié et espéré pour une fille, et elle voulait que je puisse choisir mon propre destin. Grâce à son amour et à sa détermination, elle a réussi à convaincre mon père de ne pas me marier précocement. Mon père, bien que respectant les traditions, aimait profondément ma mère et moi, et il a accepté de repousser les propositions de mariage qui arrivaient pour moi.

À la place, mes parents ont décidé de m'envoyer à l'école. L'éducation était un luxe rare pour les filles de notre village, mais mes parents croyaient en mon potentiel. Ils savaient que l'éducation pouvait ouvrir des portes et me donner des outils pour créer une vie différente. J'ai donc commencé à fréquenter l'école du village avec enthousiasme et gratitude, déterminée à saisir cette opportunité unique. La chance a souri à notre région lorsque celle-ci a été érigée en sous-préfecture. Avec cette nouvelle structure administrative, le sous-préfet a entrepris de parcourir les villages pour convaincre les parents réticents à envoyer leurs enfants à l'école. Pour beaucoup de familles, les enfants représentaient leur richesse, indispensables pour les travaux champêtres et les futures mères qui feraient d'eux des grands-parents comblés. Le sous-préfet, conscient des défis culturels et économiques, a lancé une campagne de sensibilisation intense. Il visitait chaque village, tenait des réunions avec les chefs de famille et expliquait les bénéfices de l'éducation. Il argumentait que l'avenir de nos enfants passait par les bancs de l'école, qu'ils pourraient ainsi apporter une plus grande prospérité à la communauté.

Mon père, reconnu pour sa sagesse et son influence, a été choisi comme le responsable de notre village pour sensibiliser les autres parents. Fier de cette mission, il a pris son rôle très au sérieux. Il tenait des réunions régulières, partageait des témoignages et expliquait comment l'éducation pourrait transformer notre village. Avec passion et conviction, il démontrait que l'envoi des enfants à l'école n'était pas une perte, mais un investissement pour l'avenir. Pour lui, c'était une question d'honneur que de montrer l'exemple. Par conséquent, je n'avais d'autre choix que d'aller à l'école. Mon père voyait en moi l'opportunité de prouver aux autres parents les bienfaits de l'éducation. Il était persuadé que si je réussissais, d'autres suivraient mon chemin. Cette responsabilité m'a motivée encore davantage à exceller dans mes études. Le soutien de mes parents était inébranlable. Ma mère, bien que consciente des sacrifices que cela impliquait, m'encourageait chaque jour à poursuivre mes études avec ardeur. Elle voyait en moi la réalisation de ses propres rêves inaboutis et m'inspirait à viser toujours plus haut. Son amour et sa détermination étaient des sources constantes de motivation. Mon père, quant à lui, était devenu un fervent défenseur de l'éducation dans notre village. Il partageait fièrement mes succès scolaires avec les autres parents, montrant par l'exemple que l'école pouvait ouvrir des portes vers des opportunités inimaginables. Sa fierté me donnait la force de surmonter les défis et de persévérer, même lorsque les études devenaient exigeantes.

Au fil du temps, de plus en plus de parents ont commencé à envoyer leurs enfants à l'école, inspirés par mon parcours et les efforts de sensibilisation de mon père. Les mentalités changeaient lentement, et notre village commençait à voir les premiers fruits de cette nouvelle ère. Les enfants, autrefois réservés aux travaux champêtres, découvraient un monde nouveau rempli de possibilités. La transformation de notre village était palpable. Les discussions autour des feux de camp portaient désormais sur les progrès scolaires et les rêves d'avenir. Les enfants, autrefois limités par les traditions, parlaient maintenant de devenir enseignants, médecins, ingénieurs. L'école devenait un symbole d'espoir et de renouveau. Ma propre détermination à réussir s'était intensifiée. Chaque jour, je me levais avec la conviction que je pouvais faire la différence. Les encouragements de mes parents, le soutien de mes professeurs et l'inspiration que je puisais de mes camarades me poussaient à donner le meilleur de moi-même. L'éducation n'était plus seulement une opportunité, mais une mission que je devais accomplir pour moi, pour ma famille et pour mon village.

À l'école, j'ai découvert un monde nouveau et fascinant. Les maîtres ont rapidement remarqué ma soif de savoir et mon intelligence vive. Ils m'ont encouragée à aller toujours plus loin, à ne jamais cesser d'apprendre et de poser des questions. Pour la première fois, je me suis imaginée un avenir différent, loin des contraintes d'un mariage arrangé. J'ai rêvé de devenir enseignante, médecin, ou même exploratrice. Les années ont passé, et ma détermination à réussir n'a fait que grandir. J'ai continué mes études avec acharnement, refusant de laisser les attentes traditionnelles dicter mon chemin. Chaque succès académique était une victoire non seulement pour moi, mais aussi pour ma famille, qui avait cru en moi contre toute attente. Mon père, autrefois hésitant, était devenu mon plus grand supporter, fier de voir sa fille unique briller. L'éducation m'a non seulement donné des connaissances, mais elle m'a aussi appris la valeur de l'indépendance et de la résilience. J'ai appris à me battre pour mes rêves et à ne jamais abandonner, peu importe les obstacles. Les leçons de mon enfance à Kadjavogo, combinées à mon éducation, m'ont donné la force de surmonter les défis les plus difficiles. Malgré toutes les péripéties de la vie villageoise, j'ai réussi à atteindre le CM2. Ce fut une période riche en expériences, marquée par les traditions et les événements communautaires qui rythmaient notre quotidien.

Les funérailles étaient des moments importants dans notre village, des occasions où toute la communauté se rassemblait pour honorer les défunts et soutenir les familles en deuil. J'y participais régulièrement, non seulement par respect, mais aussi par devoir envers notre culture. Ces cérémonies, bien que tristes, étaient également des moments de partage et de solidarité, où le balafon résonnait comme un écho de notre histoire commune. J'aimais particulièrement écouter cet instrument traditionnel, dont les mélodies me transportaient dans une danse avec des gestes rythmés qui suivaient le son indescriptible du balafon. Parallèlement à mes études, je passais du temps avec mes amies, partageant des moments de rires et de confidences. Le copinage et l'influence des autres filles de mon âge faisaient partie intégrante de ma vie. Nous rêvions ensemble de notre avenir, tout en naviguant les réalités de notre présent. Cependant, cette camaraderie n'était pas sans conséquence. Emportée par l'insouciance et parfois la pression de mes pairs, je négligeais parfois mes devoirs scolaires. Cette négligence a culminé de manière désastreuse lorsque j'ai échoué au Certificat d'études primaires (CEPE). Cet échec a été un coup dur pour moi et pour ma famille. J'étais dévastée, mais plus que ma propre déception, c'était le chagrin dans les yeux de mon père qui me faisait le plus mal. Il avait tant espéré, tant investi dans mon éducation, et je sentais que je l'avais laissé tomber.

Mon père, malgré sa déception, n'a pas abandonné. Il a rapidement cherché des solutions pour que je puisse continuer mes études. Avec la conviction que l'éducation restait la clé de mon avenir, il a décidé de m'envoyer à Korhogo, chez mon oncle, pour poursuivre ma scolarité. Ce fut une décision difficile à prendre, mais nécessaire. Il savait que changer d'environnement pourrait m'aider à me concentrer et à reprendre le chemin de la réussite. La séparation d'avec mes parents a été la première véritable épreuve de ma vie. Quitter le cocon familial, laisser derrière moi les montagnes et les rivières de Kadjavogo, et m'éloigner de ceux que j'aimais tant, m'a plongée dans une profonde tristesse. Le jour de mon départ, les adieux furent déchirants. Ma mère, les larmes aux yeux, me serrait fort, tandis que mon père, stoïque mais ému, m'encourageait à saisir cette nouvelle opportunité. Mon venue à Korhogo était un mélange d'excitation et d'appréhension. La ville était bien différente de notre village paisible. Tout semblait plus grand, plus animé, et parfois intimidant. Mon oncle et sa famille m'ont accueillie chaleureusement, faisant de leur mieux pour que je me sente chez moi. Pourtant, le manque de mes parents et de mon village me pesait lourdement. À l'école, je devais m'adapter à de nouvelles méthodes d'enseignement et à des camarades que je ne connaissais pas. Les premiers jours furent difficiles, mais je m'accrochai à la promesse que j'avais faite à mon père : celle de ne plus jamais abandonner. Je me plongeais dans mes études avec une détermination renouvelée, consciente que chaque effort me rapprochait de mes rêves et des espoirs de ma famille.

Peu à peu, je trouvais mon rythme. Mes résultats scolaires s'amélioraient, et je commençais à me faire des amis. La distance avec mes parents m'a appris l'indépendance et la résilience. Chaque lettre que je recevais de chez moi était une bouffée d'air frais, un rappel de l'amour et du soutien inconditionnel de ma famille. Korhogo m'a offert de nouvelles perspectives et m'a permis de grandir d'une manière que je n'aurais jamais imaginée. Les défis auxquels j'étais confrontée m'ont renforcée, et l'éloignement m'a appris à valoriser encore plus mes racines. Je savais que chaque étape franchie était un pas de plus vers un avenir meilleur, non seulement pour moi, mais aussi pour ceux qui avaient cru en moi. La vie à Korhogo, la capitale de la région du Poro, m'a formée et ouvert l'esprit à la vie loin de mes parents. Ce fut une période d'adaptation intense, où j'ai dû apprendre à naviguer dans un environnement nouveau et souvent déroutant.

Korhogo était une ville animée, bien différente de la tranquillité de Kadjavogo. Les rues étaient toujours pleines de monde, les marchés bourdonnaient d'activité, et les écoles étaient plus grandes et plus exigeantes. Cette effervescence m'a parfois intimidée, mais elle m'a aussi excitée. Elle représentait une multitude de nouvelles opportunités à saisir. Chaque jour, je me réveillais avec la détermination de tirer le meilleur parti de cette expérience. Loin de mes parents, j'ai appris à devenir plus autonome et responsable. Mon oncle et sa famille étaient un soutien précieux, mais je devais trouver en moi-même la force de continuer. Les premières semaines furent les plus difficiles, marquées par la nostalgie et le désir de retrouver mon cocon familial. Cependant, petit à petit, j'ai trouvé un équilibre, m'intégrant dans ma nouvelle vie tout en conservant le sourire qui faisait ma force.

Ma persévérance a porté ses fruits lorsque j'ai réussi mon Certificat d'études primaires élémentaires (CEPE). Ce succès a été une source de fierté immense, tant pour moi que pour ma famille. Il symbolisait le premier grand pas vers un avenir prometteur. Ce triomphe a également renforcé ma détermination à continuer sur cette voie, à poursuivre mes études avec encore plus d'ardeur. Suite à ce succès, j'ai été orientée en 6ème au prestigieux Lycée Houphouët-Boigny. Cette nouvelle étape marquait le début de la transformation d'une fille du village lointain en une jeune intellectuelle. Intégrer un lycée de renom était un honneur et une responsabilité. Je portais les espoirs de ma famille et de mon village, et je me devais de ne pas les décevoir.

Au Lycée Houphouët-Boigny, j'ai découvert un univers académique rigoureux et stimulant. Les professeurs étaient exigeants, les matières variées et les attentes élevées. Ce cadre d'excellence m'a poussée à repousser mes limites, à travailler plus dur et à viser toujours plus haut. Chaque cours, chaque devoir était une opportunité d'apprendre et de grandir. Bien que la charge de travail soit intense, je ne perdais jamais mon sourire. Ce sourire était mon arme secrète, ma manière de montrer au monde que je pouvais surmonter n'importe quel obstacle avec grâce et détermination. Mes camarades de classe et mes professeurs ont vite remarqué cette attitude positive et elle est devenue une source d'inspiration pour certains. Les années passées à Korhogo m'ont façonnée de bien des manières. J'ai appris l'importance de l'équilibre entre la rigueur académique et les relations humaines. Les amitiés que j'ai formées, les défis que j'ai relevés, et les succès que j'ai obtenus m'ont préparée à devenir la meilleure version de moi-même. Je comprenais maintenant que l'éducation était bien plus qu'une simple acquisition de connaissances : c'était une clé qui ouvrait les portes de l'avenir. La fierté de mes parents était palpable chaque fois que je leur rendais visite pendant les vacances. Ils voyaient en moi non seulement leur fille, mais aussi une pionnière, une preuve vivante que l'éducation pouvait transformer des vies. Leur soutien inconditionnel et leur amour m'ont donné la force de persévérer, même dans les moments les plus difficiles. Le Lycée Houphouët-Boigny est devenu le théâtre de ma transformation. La fille du village lointain s'épanouissait en une jeune femme éduquée et déterminée. Mon parcours n'était pas terminé, mais chaque étape franchie me rapprochait de mes rêves.

/ Le Chemin de Ma Vie

Chapitre 2

La Rencontre avec Julien

Le Lycée Houphouët-Boigny est devenu le théâtre de ma transformation. La fille du village lointain s'épanouissait en une jeune femme qui se trémoussait dans les angles du lycée, découvrant les multiples facettes de la vie urbaine et académique. C'est ici que j'ai rencontré celle qui allait devenir ma meilleure amie, Dafégui. Dès notre première rencontre, une connexion spéciale s'est établie entre nous. Dafégui était en classe de cinquième, juste un niveau au-dessus de moi. Son sourire chaleureux et sa nature accueillante ont immédiatement attiré mon attention. Nous partagions non seulement des moments de rigolade et de complicité, mais aussi des secrets de femme. Nous parlions de nos rêves, de nos peurs, et des petites aventures qui jalonnaient nos journées au lycée. Dafégui avait une sagesse et une maturité qui m'inspiraient beaucoup. Au fil du temps, notre amitié est devenue un pilier de mon expérience au lycée. Nous étions inséparables, passant nos pauses ensemble, révisant pour les examens, et même participant aux activités parascolaires. Dafégui, avec sa présence réconfortante, m'a aidée à traverser les moments de doute et à célébrer les moments de succès.

Aujourd'hui, Dafégui est mariée à un Français et vit en France. Malgré la distance, notre amitié reste forte. Nous continuons à partager nos vies et nos secrets à travers des appels et des messages. Elle est devenue un symbole de réussite et d'accomplissement, inspirant à poursuivre mes propres rêves avec détermination. Pendant cette période de découverte et d'épanouissement, j'ai aussi rencontré Julien, un jeune homme dynamique et pétri d'un avenir prometteur. Julien était en classe de seconde A, un niveau bien au-dessus du mien, car j'étais alors en sixième, une classe affectueusement appelée "gbaos", signifiant les nouveaux venus au collège. Julien se distinguait par son intelligence vive et son charisme naturel. Il était impliqué dans diverses activités scolaires et para-scolaires, ce qui le rendait très populaire parmi les élèves et les enseignants. Son énergie et sa vision pour l'avenir étaient palpables. Il rêvait grand et travaillait dur pour atteindre ses objectifs. Notre rencontre a eu lieu lors d'une activité interclasses. Bien que nous étions dans des classes très différentes, une conversation fortuite a suffi à créer un lien entre nous. Julien était non seulement brillant, mais aussi incroyablement encourageant. Il voyait le potentiel en chacun et savait comment motiver les autres à donner le meilleur d'eux-mêmes.

Avec le temps, nous avons commencé à nous parler plus souvent. Julien partageait avec moi ses aspirations, ses plans pour l'avenir, et ses conseils sur comment naviguer dans le monde académique. Malgré la différence de niveau, il ne me traitait jamais comme une simple "gbao". Au contraire, il respectait mon ambition et mon désir de réussir. Nos conversations étaient une source d'inspiration. Julien m'encourageait à poursuivre mes rêves avec passion et persévérance. Il me faisait voir que, peu importe d'où l'on vient, avec du travail et de la détermination, on peut atteindre des sommets inimaginables. Son influence sur ma vie était profonde, et il est devenu pour moi un modèle à suivre. Les années au Lycée Houphouët-Boigny ont été marquées par des moments de joie, de découverte et de croissance personnelle. Avec des amis comme Dafégui et des mentors comme Julien, j'ai appris à naviguer les défis de l'adolescence et à forger un chemin vers l'avenir. Mon temps au lycée m'a non seulement préparée académiquement, mais m'a aussi donné les outils nécessaires pour réussir dans la vie. Le lycée était bien plus qu'un simple lieu d'apprentissage. C'était un incubateur de rêves et d'aspirations, un espace où je me suis découvert moi-même et où j'ai rencontré des personnes qui ont eu un impact durable sur ma vie. Chaque jour passé dans les couloirs du Lycée Houphouët-Boigny m'a rapprochée de la personne que j'étais destinée à devenir, une jeune femme forte, déterminée et pleine d'espoir pour l'avenir. Pendant que je gravissais les échelons de mon parcours scolaire, Julien avançait également. Lorsqu'il était en classe de Terminale, j'étais alors en 4ème.

Julien, ce jeune homme brillant, était né dans une petite ville située à 27 km de Korhogo. Fils de parents de classe moyenne, il avait grandi dans un environnement où l'éducation et le travail acharné étaient valorisés. Sa famille, bien que modeste, lui avait inculqué des valeurs de persévérance et de détermination. Julien était un jeune Sénoufo dynamique, avec un regard vif et une ambition palpable. Il avait l'air de savoir exactement ce qu'il voulait dans la vie et se battait pour l'obtenir. À l'école, Julien s'était entouré de bons amis, des camarades tout aussi ambitieux et déterminés que lui. Ensemble, ils formaient un groupe soudé, s'encourageant mutuellement à exceller et à viser toujours plus haut. Julien se distinguait par son charisme et son aptitude à motiver les autres. Il participait activement aux activités scolaires, des clubs académiques aux compétitions sportives, et sa présence était toujours remarquée. Cependant, la route vers le succès n'est jamais sans embûches. L'année de Terminale fut particulièrement éprouvante pour Julien. Malgré son intelligence et son dévouement, il échoua à son baccalauréat. Cet échec fut un coup dur pour lui et pour tous ceux qui croyaient en lui. Pour un jeune homme qui avait toujours excellé, ce fut une épreuve difficile à surmonte.

Julien, malgré sa déception, ne laissa pas cet échec définir son avenir. Avec le soutien de ses amis et de sa famille, il décida de persévérer. Il retourna à ses études avec une détermination renouvelée, prêt à affronter les défis qui l'attendaient. Son échec au baccalauréat devint une leçon précieuse, un rappel que même les esprits les plus brillants peuvent trébucher, mais que l'important est de se relever. Pendant ce temps, j'observais Julien avec admiration. Son attitude face à l'adversité était inspirante. Il me montrait que la véritable force réside dans la capacité à continuer malgré les obstacles. Ses efforts pour surmonter son échec renforçaient ma propre détermination à réussir. Julien était pour moi un exemple vivant de résilience et de persévérance. Les années suivantes furent cruciales pour nous deux. Alors que Julien préparait de nouveau son baccalauréat, j'avançais dans mes études avec une ferveur renouvelée. Nos chemins, bien que distincts, étaient liés par une ambition commune : celle de créer un avenir meilleur grâce à l'éducation et au travail acharné. Julien réussit brillamment son baccalauréat à sa deuxième tentative, prouvant à tous que la détermination et le travail acharné finissent toujours par porter leurs fruits. Sa réussite fut célébrée non seulement par sa famille et ses amis, mais aussi par moi, qui voyais en lui un exemple de résilience et de courage. Mon parcours au Lycée Houphouët-Boigny continuait également à se dérouler sous de bons auspices. Inspirée par Julien et les autres modèles autour de moi, je travaillais sans relâche pour atteindre mes objectifs. Chaque étape franchie me rapprochait de mes rêves, et chaque défi surmonté renforçait ma détermination à réussir.

Notre histoire au Lycée Houphouët-Boigny est celle de deux jeunes déterminés, naviguant les défis de l'éducation et de la vie, toujours poussés par une vision claire de l'avenir. Julien, malgré son échec initial, est devenu un symbole de persévérance, tandis que moi, soutenue par les leçons de mon enfance, je continuais à m'épanouir et à me consacrer à mes études. Les années passées ensemble au lycée ont naturellement rapproché Julien et moi. Nos conversations, nos moments de complicité et notre admiration mutuelle ont créé un lien fort et indéfectible. Cependant, consciente de l'importance de mon éducation et des attentes de ma famille, je faisais tout pour éviter qu'une intimité trop profonde avec Julien ne vienne perturber ma vie scolaire. Je savais que laisser mes sentiments prendre le dessus pourrait mettre en péril tout ce pour quoi j'avais travaillé si dur. Chaque fois que nos discussions prenaient une tournure plus personnelle, je me rappelais mes objectifs et les sacrifices faits par ma famille pour que je puisse étudier. Julien respectait cela, et même si notre amour grandissait, il comprenait mes réticences et me soutenait dans ma quête de réussite académique.

L'arrivée de Julien à l'université marqua un tournant décisif dans notre relation. Son départ du Lycée Houphouët-Boigny pour poursuivre ses études supérieures nous imposait une distance physique, mais cela ne fit qu'intensifier notre détermination à maintenir notre lien. Avant son départ, Je me suis promis de l'attendre. Je lui ai assuré que je ne laisserais aucun autre homme entrer dans ma vie. Cette promesse était une manière de cimenter l'amour malgré la distance. Nous savions que la route serait longue et semée d'embûches, mais nous étions convaincus que notre relation pouvait survivre à cette épreuve. Chaque lettre échangée, chaque appel téléphonique était une occasion de raviver la flamme de notre amour et de nous encourager mutuellement dans nos études. Les premiers mois furent difficiles. L'absence de Julien se faisait sentir, et je devais gérer la pression des examens et des cours tout en maintenant notre relation à distance. Pourtant, chaque jour, je trouvais la force dans nos souvenirs communs et dans l'espoir d'un avenir ensemble. Les défis de la distance ne faisaient que renforcer ma détermination à réussir, pour que nous puissions un jour réaliser nos rêves côte à côte. Julien, de son côté, s'adaptait à la vie universitaire avec la même persévérance qui l'avait caractérisé au lycée. Il travaillait dur pour exceller dans ses études, tout en trouvant le temps de m'écrire et de m'encourager. Son soutien et ses mots réconfortants étaient une bouée de sauvetage lors des moments de doute et de stress. Notre amour, loin de s'étioler, grandissait malgré la distance. Nous avons appris à faire confiance à la force de nos sentiments et à la solidité de notre engagement. Chaque rencontre pendant les vacances était un moment précieux, rempli de joie et de complicité, nous rappelant pourquoi nous nous battions. Le temps passa, et notre relation continua de prospérer. Julien progressait dans ses études universitaires, et moi, je m'approchais de la fin de mes années de lycée. Nos efforts et notre patience commençaient à porter leurs fruits. Nous avions su garder la flamme de notre amour vivante, malgré les kilomètres qui nous séparaient. Nous savions que tant que nous gardions nos objectifs en vue et que nous nous soutenions mutuellement, rien ne pourrait nous séparer. Cependant, un événement douloureux est venu bouleverser mon parcours : le décès de mon père. Cet homme qui représentait mon idole, ma source et ma force, est parti soudainement, emporté par une courte maladie, sans me laisser le temps de lui dire au revoir.

Mon père était bien plus qu'un simple parent pour moi. Il était mon mentor, mon guide, celui qui m'avait toujours encouragée à viser plus haut et à croire en mes rêves. Sa disparition a laissé un vide immense dans ma vie, un abîme de douleur et de désespoir. Le choc de sa mort a été d'autant plus difficile à accepter que je n'avais pas eu la chance de lui dire combien je l'aimais et combien il comptait pour moi. Plongée dans cette douleur insurmontable, j'ai perdu pied. Mon cœur était lourd de tristesse, et ma capacité à me concentrer sur mes études s'en est trouvée gravement affectée. Malgré mes efforts pour rester forte, le deuil m'a submergée, me laissant incapable de me préparer correctement pour le baccalauréat. Le jour des examens, je n'étais qu'une ombre de moi-même, l'esprit embrouillé par le chagrin. Comme je le craignais, j'ai échoué au baccalauréat. Cet échec a été le coup de grâce, venant s'ajouter à la perte de mon père. Tout semblait s'effondrer autour de moi,

Le Chemin de Ma Vie

et je ne voyais plus d'espoir à l'horizon. La douleur de la perte et la déception de l'échec se sont entremêlées, me plongeant dans une profonde dépression. Je me sentais perdue, sans direction ni motivation pour continuer. Mais dans cette obscurité, une lumière persistait : Julien. Son soutien infaillible a été ma bouée de sauvetage. Malgré la distance qui nous séparait, il a su trouver les mots pour me réconforter et m'encourager. Chaque appel, chaque lettre de sa part était un rappel de notre promesse et de notre amour. Julien refusait de me laisser sombrer dans le désespoir. Il me rappelait les moments où mon père me parlait de résilience et de courage. Julien m'encourageait à honorer la mémoire de mon père en me relevant et en poursuivant mes rêves, exactement comme il l'aurait voulu. Il m'a aidée à comprendre que mon père vivait à travers moi, dans chaque effort que je faisais pour réussir et dans chaque pas que je faisais vers l'avenir. Le soutien de Julien lors des funérailles de mon père a renforcé notre lien et renouvelé la promesse que j'avais faite d'être un jour son épouse. Malgré ses moyens modestes, Julien a su galvaniser toute une jeunesse de sa contrée pour honorer la mémoire de mon père.

Aux funérailles, Julien s'est montré d'une force et d'une détermination remarquables. Il a pris en charge de nombreuses tâches, organisant les jeunes pour assurer que tout se passe bien. Il a réuni ses amis et les membres de la communauté pour offrir un hommage digne à mon père. Chaque geste, chaque parole de réconfort qu'il m'a adressée témoignait de son amour et de son engagement envers moi. Voir Julien se dévouer ainsi pour ma famille, malgré le fait que nous n'étions pas encore mariés, m'a profondément touchée. Il a relevé ma face devant la communauté, montrant à tous qu'il était prêt à tout pour moi. Son soutien indéfectible a été une source de réconfort immense dans ces moments de douleur. Il a fait en sorte que je ne me sente jamais seule, même dans l'épreuve la plus difficile de ma vie. Ce jour-là, au milieu des chants funèbres et des pleurs, j'ai compris que Julien était l'homme avec qui je voulais passer le reste de ma vie. Sa compassion, sa détermination et son amour inconditionnel m'ont convaincue qu'il serait un mari exceptionnel. Je me suis promis de ne jamais laisser un autre homme entrer dans ma vie. Mon cœur appartenait à Julien, et je savais que nous surmonterions toutes les épreuves ensemble.

Les funérailles de mon père ont été un tournant décisif dans notre relation. Elles ont scellé notre engagement l'un envers l'autre, nous unissant encore plus profondément. Julien m'a montré qu'il était prêt à affronter tous les défis à mes côtés, et cela a renforcé ma conviction que nous étions destinés à être ensemble. Malgré la tristesse de cette période, Julien a réussi à apporter une lueur d'espoir et de réconfort. Son dévouement et son amour ont été des piliers sur lesquels j'ai pu m'appuyer. En le voyant agir avec tant de courage et de générosité, j'ai su que je pouvais compter sur lui pour le reste de ma vie. Le soutien de Julien lors des funérailles n'a pas seulement réconforté ma famille, il a aussi renforcé les liens entre nos deux familles. Sa présence a été remarquée et appréciée par tous, et son geste a laissé une impression durable. Mes proches ont vu en lui un homme de valeur, digne de devenir mon mari. Notre promesse de nous marier est devenue plus solide que jamais. Julien et moi savions que nous avions un avenir à construire ensemble, malgré les défis et les obstacles qui se présenteraient. Son amour et son soutien m'ont donné la force de continuer à avancer, de poursuivre mes études et de travailler dur pour honorer la mémoire de mon père.

Notre amour, forgé dans l'adversité et renforcé par les épreuves, est devenu une source de motivation et de courage. Nous étions prêts à affronter l'avenir ensemble, déterminés à réaliser nos rêves et à bâtir une vie remplie d'amour et de succès. Cependant, par la force des choses, j'étais obligée de partir à Abidjan incognito pour poursuivre mes études. La vie à Korhogo devenait presque un tombeau pour mes ambitions académiques, chaque coin de rue me rappelant la perte de mon père et entravant ma concentration. La décision de partir n'a pas été facile. Mon oncle à Abidjan, un homme de grande sagesse et de cœur, m'a accueilli comme sa propre fille. Il comprenait l'importance de l'éducation et l'impact de la perte de mon père sur mon moral. Sa maison est devenue mon refuge, un lieu où je pouvais trouver la paix et me concentrer sur mes études. À Abidjan, la vie était bien différente de celle de Korhogo. La ville était vaste, animée, et remplie d'opportunités. Je devais m'adapter rapidement à ce nouvel environnement urbain tout en gérant le poids de mes responsabilités académiques. Mon oncle, avec sa gentillesse et son soutien, a su remplir le vide que le décès de mon père avait laissé. Il m'encourageait constamment, partageant avec moi ses propres expériences et ses conseils précieux.

Abidjan m'a offert des ressources et des opportunités que je n'aurais jamais pu trouver ailleurs. Les bibliothèques, les centres de recherche, et les enseignants passionnés m'ont ouvert les yeux sur de nouvelles perspectives. Je me plongeais dans mes études avec une détermination renouvelée, sachant que chaque effort me rapprochait de mes objectifs et de la promesse faite à Julien. Les week-ends, je passais du temps avec mon oncle, écoutant ses histoires et apprenant de sa sagesse. Sa maison était toujours remplie de rires et de discussions animées, créant une atmosphère de chaleur et de soutien familial. Il m'a appris à gérer mon temps, à équilibrer travail et repos, et à rester concentrée sur mes priorités. Loin des souvenirs douloureux de Korhogo, j'ai pu me reconstruire et redécouvrir ma passion pour l'apprentissage. Mon oncle m'avait inscrite dans un collège privé aux 2 Plateaux, un quartier d'Abidjan très prisé à l'époque et où habitaient de grandes personnalités du pays. L'environnement académique stimulant et l'encadrement strict du collège m'ont permis de me concentrer pleinement sur mes études. Les enseignants étaient exigeants, mais également très attentifs à nos progrès. Grâce à cet encadrement et à ma détermination, j'ai réussi à obtenir mon baccalauréat avec brio. C'était une victoire personnelle, mais aussi un hommage à la mémoire de mon père et à tout le soutien que j'avais reçu de ma famille et de Julien.

Pendant tout ce temps, Julien et moi avons continué à communiquer régulièrement. Nos échanges étaient empreints de tendresse et de soutien mutuel, mais nous évitions toute intimité qui pourrait me distraire de mes études ou décevoir mon oncle. Notre relation, bien que mise à l'épreuve par la distance et les circonstances, restait solide grâce à notre engagement l'un envers l'autre et à notre détermination à tenir nos promesses. Après l'obtention de mon baccalauréat, j'ai été admise dans une grande école de gestion commerciale à Abidjan. Ce fut une nouvelle étape excitante et pleine de défis dans mon parcours académique. C'est dans ce cadre que j'ai rencontré un jeune homme pas comme les autres. Dès notre première rencontre, il y avait quelque chose en lui qui m'attirait inexplicablement. Sa présence, son charisme et son intelligence étaient captivants. Je me surprenais souvent à penser à lui, bien que je savais que je ne pouvais trahir Julien. La promesse que nous avions faite était de taille, et je me devais de rester fidèle à cet engagement. Cependant, chaque fois que je voyais ce jeune homme, c'était comme si une partie de moi-même se découvrait de nouvelles émotions et de nouvelles aspirations. Cette dualité de sentiments était troublante et parfois douloureuse. Je me rappelais constamment ce que Julien avait fait pour moi, son soutien indéfectible pendant les moments les plus difficiles de ma vie. Il avait été un pilier de force et de réconfort, et notre amour avait survécu à tant d'épreuves. Je savais que je devais tenir à ma parole, ne serait-ce que par respect pour tout ce que nous avions traversé ensemble.

Cependant, l'attraction que je ressentais pour ce nouveau jeune homme ne pouvait être niée. Il était aimable, attentionné, et avait une vision du monde qui me fascinait. Nous partagions de nombreuses discussions profondes et intellectuelles, et chaque conversation me laissait un peu plus impressionnée par sa personnalité et ses aspirations. Malgré ces sentiments naissants, je me suis efforcée de rester fidèle à Julien. J'évitais les situations qui pourraient me rapprocher trop intimement de ce jeune homme, gardant toujours en tête la promesse que j'avais faite. Mon cœur était tiraillé entre la loyauté envers Julien et cette nouvelle attirance qui me troublait profondément. Pour garder ma promesse intacte, je me suis plongée encore plus dans mes études. La gestion commerciale était un domaine qui m'intéressait profondément, et je savais que

Le Chemin de Ma Vie

réussir dans ce domaine était crucial pour mon avenir. Chaque succès académique me rappelait pourquoi j'avais choisi ce chemin et renforçait ma détermination à tenir mes engagements. Cette période de ma vie fut marquée par des défis émotionnels intenses, mais aussi par une croissance personnelle significative. J'ai appris à gérer des sentiments contradictoires, à faire des choix difficiles, et à rester fidèle à mes valeurs et à mes engagements. Mon parcours n'était pas facile, mais chaque étape me rapprochait de mes objectifs et renforçait la personne que j'étais en train de devenir. Cependant, à un moment donné, je me suis retrouvée à un carrefour émotionnel où je ne savais plus s'il fallait suivre mon cœur ou la parole donnée à Julien.

La tension entre mon attirance pour ce jeune homme à l'école et ma promesse à Julien me déchirait. Chaque nuit, je passais des heures à réfléchir, tourmentée par des pensées contradictoires. Est-ce que suivre mon cœur signifiait trahir Julien, cet homme qui avait été mon roc et mon soutien inébranlable ? Ou est-ce que maintenir ma parole à Julien me forçait à ignorer des sentiments réels et intenses pour quelqu'un d'autre ? Ces questions tournaient en boucle dans mon esprit, m'empêchant souvent de trouver le sommeil. Les nuits sombres se succédaient, emplies de doutes et de remords. Je me demandais constamment si mes choix allaient me mener à la trahison de mon cœur ou de ma promesse. Ce dilemme était un poids lourd à porter, et chaque matin, je me réveillais épuisée mais déterminée à affronter la journée. Aller à l'école et voir ce jeune homme était devenu un mélange de plaisir coupable et de torture émotionnelle. Je ne comprenais pas pourquoi cette attirance persistait, pourquoi je me sentais si connectée à lui malgré mes efforts pour m'en détacher. Les jours passaient, et je continuais à naviguer ces eaux émotionnelles troublées. Puis, un autre événement douloureux vint frapper ma vie, bouleversant tout sur son passage : le décès de mon oncle dans des conditions mystérieuses. Cet homme qui avait comblé le vide laissé par mon père, qui m'avait accueillie comme sa propre fille et soutenue dans mes études, venait de disparaître subitement. La douleur de cette perte fut écrasante. Je me retrouvais de nouveau confrontée à la mort d'un être cher, sans avoir eu la chance de lui dire au revoir. Le choc de son décès, survenu avant même que je n'obtienne mon BTS, m'a plongée dans une profonde tristesse et un sentiment d'abandon. Les circonstances mystérieuses de sa mort n'ont fait qu'ajouter à ma confusion et à mon désarroi.

La maison autrefois remplie de rires et de discussions animées était maintenant silencieuse et vide. La perte de mon oncle a ravivé la douleur de la perte de mon père, et je me sentais de nouveau perdue, sans repères. Cette période sombre m'a forcée à reconsidérer mes priorités et à chercher un sens dans un monde devenu incertain. Malgré cette nouvelle épreuve, je savais que je devais continuer à avancer. Mon oncle m'avait toujours encouragée à poursuivre mes études et à ne jamais abandonner, et je voulais honorer sa mémoire en réalisant ce rêve qu'il avait pour moi. Les nuits étaient encore plus sombres, mais je me levais chaque matin avec une détermination renouvelée, poussée par le désir de rendre fiers ceux que j'avais perdus. Cependant, ma situation prit un tournant encore plus difficile lorsque la femme de mon oncle me renvoya de la maison. Elle était connue pour être une sorcière de haut niveau, et la sorcellerie semblait être une tradition dans leur famille. Ses sœurs avaient déjà liquidé leurs maris pour des raisons obscures, souvent évoquées sous le terme de "cheval blanc", et maintenant, c'était au tour de mon oncle. Je me souviens des nombreuses nuits où je priais fervemment, demandant protection et force pour mon oncle et moi. Mes prières semblaient perturber les rituels de sa femme et de sa famille, créant une tension palpable dans la maison. Malgré tous mes efforts pour avertir mon oncle du danger imminent, il refusait de voir la réalité. Aveuglé par l'amour ou peut-être par l'illusion de sécurité, il ne croyait pas aux histoires de sorcellerie qui entouraient sa femme.

Moins d'un an après mon départ forcé de la maison, la tragédie frappa. Mon oncle succomba à des circonstances mystérieuses, devenant la dernière victime des pratiques occultes de sa

Le Chemin de Ma Vie

femme et de sa famille. Je me sentais impuissante, accablée par la douleur et la culpabilité de ne pas avoir pu le sauver. Mes avertissements étaient restés sans réponse, et je devais maintenant faire face à une nouvelle perte. Expulsée de la maison de mon oncle, j'avais dû trouver refuge ailleurs. Heureusement, quelques amis et membres de ma famille élargie m'ont offert leur soutien et un endroit où rester. Malgré les difficultés, je continuais à m'accrocher à mes études, sachant que c'était la seule voie pour honorer la mémoire de mes proches et réaliser les rêves qu'ils avaient pour moi. Les jours étaient longs et les nuits encore plus, mais chaque matin, je me levais avec une détermination renouvelée. Mes prières étaient ma force, me donnant le courage de continuer malgré les obstacles. Loin de l'influence néfaste de la sorcellerie, je pouvais enfin me concentrer pleinement sur mes objectifs. Cependant, la réalité financière me rattrapa rapidement. Sans le soutien de mon oncle, je n'avais plus les moyens de continuer à fréquenter la prestigieuse grande école où j'étais inscrite. Cette situation m'a forcée à prendre une décision difficile : rejoindre Julien, mon futur époux.

Julien, toujours fidèle et aimant, m'accueillit avec un cœur ouvert et des bras réconfortants. Il comprenait l'urgence de ma situation et le sacrifice que je devais faire pour poursuivre mes études. Nous savions tous les deux que l'éducation était essentielle pour notre avenir commun, mais sans soutien financier, je ne pouvais plus rester dans mon ancienne école. C'est alors qu'une personne au grand cœur, un ami de la famille qui avait toujours cru en mon potentiel, est intervenue. Conscient de ma situation désespérée, il m'a offert une bourse d'étude dans une autre grande école. Cette opportunité inattendue m'a permis de recommencer, de rediriger ma vie académique vers une nouvelle filière tout en restant déterminée à réussir. La transition vers cette nouvelle école n'a pas été facile. J'ai dû m'adapter à un nouvel environnement, de nouveaux professeurs et de nouvelles attentes académiques. Cependant, la générosité de cette personne m'a donné un second souffle. J'étais résolue à ne pas laisser cette chance me filer entre les doigts. La nouvelle filière, bien que différente de celle que j'avais initialement choisie, m'a offert des perspectives enrichissantes. Je me suis plongée dans mes études avec une ardeur renouvelée, reconnaissante pour cette nouvelle opportunité de prouver ma valeur et de construire un avenir solide. La nouvelle école avait des standards élevés et un réseau de soutien exceptionnel, ce qui m'a aidée à m'intégrer rapidement.

Pendant ce temps, Julien continuait de me soutenir moralement et émotionnellement. Il était ma pierre angulaire, me rappelant sans cesse que nous étions dans cette aventure ensemble. Chaque jour, je me souvenais des sacrifices faits par ceux que j'avais perdus et des rêves que nous avions partagés. Leur mémoire et le soutien de Julien étaient mes moteurs. Les défis financiers étaient toujours présents, mais la bourse d'étude allégeait considérablement ce fardeau. J'avais retrouvé un équilibre précaire, mais solide. Mes prières et ma foi continuaient de guider mes pas, me donnant la force de surmonter chaque obstacle qui se dressait sur mon chemin. La nouvelle école m'a ouvert des portes que je n'avais jamais envisagées. Les cours étaient stimulants, les professeurs inspirants et les camarades de classe solidaires. Je me suis rapidement faite des amis, formant un réseau de soutien essentiel. Chaque succès académique était une petite victoire, me rapprochant de mes objectifs et rendant hommage à ceux qui avaient cru en moi. Les jours de doute et de difficulté étaient nombreux, mais chaque matin, je me levais avec la détermination de faire honneur à la générosité de celui qui m'avait offert cette chance et à la mémoire de mon père et de mon oncle. Mon engagement envers Julien restait fort, et ensemble, nous envisagions un avenir rempli d'amour et de succès.

Chapitre 3

La Promesse Piégée

Dès notre première rencontre au LHB de Korhogo, Julien avait su capter mon attention par son charisme et sa détermination. Je croyais avoir trouvé l'homme de ma vie, celui avec qui je pourrais bâtir un avenir solide et radieux. Notre relation, bien que mise à l'épreuve par les distances et les difficultés, était marquée par une promesse solennelle de rester fidèles l'un à l'autre. Cette promesse m'avait donné la force de traverser les moments les plus sombres de ma vie, mais je ne savais pas alors qu'elle était également une prison dorée. Julien avait toujours été un homme de peu de mots concernant ses sentiments profonds. Pendant des années, il avait patiemment attendu sans jamais trop se plaindre de notre manque d'intimité. J'avais interprété cette patience comme un signe de son amour et de son respect pour moi. Il semblait comprendre mes priorités et mes engagements académiques, et cela me confortait dans l'idée que notre relation était fondée sur des bases solides.

Ce n'est que plus tard que j'ai découvert une vérité plus troublante. Julien avait consulté des mages et des voyants, cherchant des réponses sur notre avenir ensemble. Ces consultations lui avaient révélé que sa vie serait meilleure avec moi à ses côtés. Selon les mages, j'étais une fille gracieuse, porteuse de chance et de prospérité pour quiconque partagerait ma vie. Cette révélation avait renforcé sa détermination à me garder, mais elle avait également placé notre relation sous une lumière différente. Je n'avais aucune idée des actions de Julien en coulisses. Pour moi, notre amour était pur et désintéressé, fondé sur des sentiments authentiques et une vision partagée de l'avenir. La découverte de ses consultations m'a laissée déconcertée et quelque peu trahie. J'avais toujours cru que notre relation évoluait naturellement, sans l'influence de forces extérieures. Les mots des mages avaient créé une cage invisible autour de moi. Julien, bien que sincère dans ses intentions, m'avait liée à une promesse fondée non seulement sur l'amour mais aussi sur des prédictions et des assurances mystiques. Cette nouvelle réalité m'a fait questionner la nature de notre amour et les véritables motivations derrière la patience de Julien.

Je me souvenais de toutes ces nuits où, malgré les difficultés et les épreuves, j'avais trouvé du réconfort dans notre promesse mutuelle. Maintenant, chaque souvenir semblait teinté d'une nuance de manipulation. Était-ce réellement l'amour qui avait poussé Julien à attendre, ou simplement une stratégie pour garantir son propre succès et bonheur? Ma confiance en Julien a vacillé. Je me suis retrouvée à douter de chaque geste, de chaque parole. Les consultations avec les mages avaient-elles influencé ses décisions à chaque tournant de notre relation? Était-il capable d'amour véritable ou seulement de poursuivre une prophétie auto-réalisatrice? Ces questions tournaient en boucle dans mon esprit, érodant lentement la fondation de notre relation. Malgré tout, je savais que je devais affronter Julien avec ces révélations. Notre relation méritait la vérité et la clarté. Lors d'une conversation franche, je l'ai confronté à ce que j'avais découvert. Julien, pris au dépourvu, a tenté de me rassurer. Il m'a expliqué que son amour pour moi était réel, mais qu'il avait cherché des assurances dans un moment de doute et de faiblesse.

Cette révélation avait renforcé sa détermination à me garder, mais elle avait également placé notre relation sous une lumière différente. Malgré les doutes qui s'étaient installés, j'ai choisi de continuer avec Julien, espérant que notre amour surmonterait les défis. Avec le temps, notre relation a évolué et nous avons eu notre premier enfant, puis un deuxième. Chaque naissance était une source immense de joie et d'espoir, cimentant notre famille de manière profonde et significative. Cependant, après la naissance de nos enfants, j'ai commencé à remarquer des changements troublants chez Julien. Il semblait distant, absorbé par sa carrière politique naissante. Les sorties multiples et les rentrées tardives sont devenues fréquentes, et je me retrouvais souvent seule à m'occuper des enfants.

Julien, autrefois si présent et attentionné, semblait maintenant pris dans un tourbillon d'ambitions et de responsabilités politiques. Malgré mes efforts pour maintenir une communication ouverte et soutenir ses aspirations, je sentais une barrière invisible se dresser entre nous. Les conversations se faisaient plus courtes, les moments de tendresse plus rares. Je ne comprenais pas ce qui avait provoqué ce changement. Avais-je fait quelque chose de mal ? Était-ce simplement le poids de ses nouvelles responsabilités?.

Mon amour pour Julien était toujours aussi fort, mais je ne pouvais ignorer le vide qui grandissait dans notre relation. Chaque nuit, je priais pour que nous retrouvions la complicité et l'amour qui nous avaient unis autrefois. Nos enfants étaient une source de réconfort, mais leur présence soulignait également l'absence émotionnelle de leur père. Je me sentais déchirée entre le désir de soutenir Julien et la nécessité de protéger mon propre bien-être et celui de mes enfants. Julien, absorbé par son ascension politique, semblait aveugle à mes efforts et à mes inquiétudes. Les soirées où nous étions tous les quatre réunis devenaient de plus en plus rares. Je me retrouvais souvent seule, à me demander si notre relation pouvait encore être sauvée. Les doutes qui avaient émergé après la découverte de ses consultations avec les mages revenaient hanter mes pensées. Était-ce le destin que les mages avaient prédit ou simplement une série de choix malheureux ? Les promesses que nous nous étions faites semblaient de plus en plus lointaines. Julien, autrefois mon roc et mon soutien, était devenu une figure distante et insaisissable. Chaque nuit, je me remémorais les moments de bonheur que nous avions partagés, cherchant des indices sur ce qui avait mal tourné. Mon cœur se serrait à chaque fois que je pensais à l'avenir incertain de notre famille. Malgré tout, je ne pouvais abandonner l'espoir. J'avais promis à Julien de rester à ses côtés, et cette promesse, je l'avais faite du fond du cœur. Cependant, je devais également reconnaître mes propres besoins et ceux de nos enfants. La vie politique de Julien, bien qu'importante, ne devait pas se faire au détriment de notre famille. Je devais trouver un équilibre, une manière de ramener Julien vers nous sans compromettre ses ambitions.

Je décidais de lui parler ouvertement de mes inquiétudes, de lui faire comprendre que sa présence était essentielle pour nous. Cette conversation fut l'une des plus difficiles de ma vie. Julien, visiblement fatigué et stressé, écoutait mes paroles avec une attention mêlée de culpabilité. Il semblait enfin réaliser l'impact de ses absences sur notre famille. Nos discussions suivantes furent plus profondes et honnêtes. Julien m'expliqua les pressions et les défis de sa carrière politique, les sacrifices qu'il croyait nécessaires pour notre avenir. Je lui faisais part de ma solitude, de mon besoin de son soutien et de sa présence pour élever nos enfants ensemble. Nous avons compris que pour sauver notre relation, des compromis étaient nécessaires. Cependant, malgré nos efforts initiaux pour reconstruire notre relation, les choses prirent rapidement une tournure plus complexe. Julien, en quête de soutien pour sa carrière politique, commença à se faire des amis de tout genre. Ces nouvelles amitiés, souvent douteuses, occupaient de plus en plus son temps et son attention. Julien écoutait de moins en moins mes conseils. Il semblait accorder plus de valeur aux opinions de ses nouveaux amis qu'à celles de sa propre épouse. Je me retrouvais souvent ignorée, mes suggestions et préoccupations tombant dans l'oreille d'un sourd. Cette attitude me faisait sentir insignifiante et dévalorisée. Julien, autrefois mon allié et mon confident, s'éloignait de plus en plus, absorbé par ses ambitions et ses nouvelles relations.

Mon manque de grands diplômes semblait également jouer contre moi. Julien, entouré de personnes hautement qualifiées et influentes, commençait à me voir comme une simple épouse sans valeur ajoutée. Les discussions à la maison tournaient souvent autour de ses projets et de ses succès, tandis que mes contributions étaient minimisées ou ignorées. Je me sentais de plus en plus isolée dans notre propre foyer. Malgré ces difficultés, je croyais toujours en notre mariage. J'avais fait une promesse à Julien, une promesse que je prenais très au sérieux. Chaque jour, j'essayais de lui rappeler l'importance de notre famille et de notre amour. Je lui donnais des conseils, des suggestions pour équilibrer sa vie professionnelle et personnelle, mais rien ne semblait l'atteindre. Le désespoir commençait à s'installer en moi, une ombre grandissante qui menaçait de tout engloutir. Les nuits devenaient de plus en plus solitaires. Je me demandais souvent si j'avais pas été piégé par ma propre promesse à Julien. Était-ce la bonne décision de rester fidèle à un homme qui ne me voyait plus comme une partenaire égale? Avais-je sacrifié trop de moi-même pour un amour qui semblait unilatéral? Ces questions tournaient en boucle dans mon esprit, me rendant chaque jour un peu plus difficile à supporter. La distance entre Julien et moi s'agrandissait. Ses sorties nocturnes se multipliaient, et ses retours tardifs étaient souvent accompagnés d'excuses vagues. Il ne semblait plus préoccupé par l'état de notre relation, trop occupé à se frayer un chemin dans le monde politique. Mes tentatives de dialogue étaient souvent rejetées ou reportées, laissant un vide croissant dans notre mariage.

Je continuais à prier, cherchant la force de maintenir ma promesse et de trouver une solution. Cependant, la réalité devenait de plus en plus oppressante. Mes enfants remarquaient l'absence émotionnelle de leur père, et je devais être forte pour eux, malgré mes propres tourments intérieurs. Le poids de la responsabilité et du désespoir pesait lourdement sur mes épaules. Malgré tout, je refusais d'abandonner. J'avais fait une promesse et je croyais encore que quelque chose pouvait être sauvé. Je cherchais des moyens de me reconnecter avec Julien, d'éveiller en lui le souvenir de l'amour et des rêves que nous avions partagés. Mais chaque tentative semblait échouer, laissant place à un sentiment d'impuissance grandissant. Le manque de considération de Julien pour mes efforts et mes sentiments me poussait de plus en plus à me questionner sur l'avenir de notre mariage. Était-ce juste de continuer à sacrifier mon bonheur et ma dignité pour un homme qui ne me respectait plus? Pourtant, chaque fois que je pensais à partir, je me souvenais de nos enfants et de la promesse que j'avais faite. En fin de compte, la question restait : était-ce ma promesse à Julien qui me piégeait, ou était-ce l'amour que j'avais pour lui et la foi que je gardais en notre potentiel de retrouver ce que nous avions perdu ? Je savais que la réponse à cette question déterminerait le futur de notre relation et le chemin que je choisirais de prendre.

Malheureusement, avec le temps, ma promesse à Julien commença à se transformer en une véritable prison. Ce qui autrefois était un engagement basé sur l'amour et la confiance devint une chaîne qui m'entravait. Chaque jour, je sentais le poids de cette promesse peser de plus en plus lourdement sur mes épaules. L'amour que j'avais pour Julien se heurtait constamment à la réalité de son indifférence et de son absence émotionnelle. Julien continuait à s'enfoncer dans sa carrière politique, se rapprochant davantage de ses nouveaux amis et s'éloignant inexorablement de notre famille. Il ne se rendait pas compte, ou ne voulait pas se rendre compte, de la souffrance qu'il infligeait. Nos rares conversations étaient superficielles, dépourvues de l'intimité et de la complicité qui avaient jadis caractérisé notre relation. Les sorties nocturnes et les retours tardifs de Julien se multipliaient. Il ne semblait plus trouver de temps pour nous, et chaque excuse devenait plus creuse et insensée. Les promesses de changement étaient rapidement oubliées, remplacées par des engagements politiques et des rencontres avec des personnes qui me paraissaient de plus en plus étrangères. Mon désespoir grandissait à mesure que je réalisais que l'homme que j'avais aimé n'était plus le même.

Chaque nuit, seule dans notre lit, je réfléchissais à notre passé et à ce que notre amour était devenu. La promesse de rester fidèle à Julien et de soutenir notre famille avait été faite avec un cœur pur et plein d'espoir. Mais maintenant, cette promesse me semblait être un piège cruel, transformant l'amour en désillusion. J'avais sacrifié tant de moi-même pour un mariage qui ne me donnait plus rien en retour. Je me demandais si Julien ressentait la même désillusion. Peut-être que sa quête de succès et de reconnaissance politique avait obscurci sa vision de ce qui importait vraiment. Peut-être qu'il ne voyait plus la femme qu'il avait aimée, remplacée dans son esprit par les attentes et les exigences de sa nouvelle vie. Mes prières pour une résolution semblaient rester sans réponse, et je commençais à perdre espoir. Mon cœur était divisé entre le désir de maintenir ma promesse et la nécessité de protéger mon propre bien-être et celui de mes enfants. Chaque jour était une lutte pour trouver un équilibre entre ces deux impératifs. Mes enfants, innocents et pleins de vie, méritaient une mère forte et heureuse, mais comment pouvais-je leur offrir cela alors que je me sentais si piégée et désillusionnée?

La maison, autrefois remplie de rires et de joie, était maintenant un lieu de tension et de tristesse. Les murs semblaient résonner des disputes et des silences pesants. Je voyais la déception dans les yeux de mes enfants, et cela me brisait le cœur. Leur père, leur modèle, était devenu une figure distante et indifférente. Ils méritaient mieux, mais je me sentais incapable de leur offrir la stabilité et l'amour dont ils avaient besoin. Un jour, alors que je m'efforçais de faire bonne figure pour mes enfants, je réalisai que je ne pouvais plus continuer ainsi. La promesse que j'avais faite à Julien m'avait emprisonnée dans un mariage qui n'était plus qu'une illusion. J'avais tout donné pour maintenir cette relation, mais il était temps de reconnaître que l'amour ne pouvait survivre dans ces conditions.

Chapitre 4

Le Mariage et la Réalité Occultée

Avec une lourde tristesse, j'ai compris que je devais briser les chaînes de cette promesse pour retrouver ma liberté et offrir à mes enfants une vie meilleure. Le chemin à venir serait difficile, mais je savais que je devais le parcourir pour mon bien-être et celui de ma famille. La désillusion avait remplacé l'amour, et il était temps de faire face à cette réalité pour pouvoir avancer. En repensant aux débuts de ma vie conjugale avec Julien, je me souviens de l'innocence et de l'espoir qui emplissaient nos cœurs. Nous étions jeunes, amoureux, et pleins de rêves pour l'avenir. Notre mariage, célébré avec beaucoup de joie et d'enthousiasme, marquait le début d'une nouvelle étape de notre vie. Je croyais fermement que nous étions destinés à construire quelque chose de beau ensemble. Cependant, dès les premières semaines de notre mariage, j'ai commencé à découvrir des aspects de la famille de Julien qui m'étaient inconnus. Leur engagement profond dans des pratiques spirituelles et mystiques m'a surpris. J'avais grandi dans un environnement où la spiritualité était une affaire personnelle et intime, mais pour la famille de Julien, c'était une partie intégrante de leur quotidien. Ils pratiquaient des rituels et des cérémonies qui me semblaient étrangers et parfois inquiétants.

La mère de Julien, en particulier, était une femme exemplaire qui se souciait profondément de l'avenir de ses enfants. Dotée d'une riche expérience de la culture Sénoufo, elle était une véritable source de réconfort et de sages conseils pour moi. Toujours prête à m'écouter et à m'épauler, elle partageait avec générosité ses connaissances sur la vie conjugale et les réalités des couples. Sa gentillesse et sa compréhension étaient sans égal. Ayant elle-même élevé des enfants en pays Sénoufo, elle comprenait les défis et les joies de la maternité et de la vie de famille. Ses conseils étaient imprégnés de sagesse et de compassion, fruits de ses nombreuses années d'expérience et de son profond engagement envers les valeurs familiales. Elle savait beaucoup sur la spiritualité entourant les couples, ce qui ajoutait une dimension précieuse à ses conseils. Elle m'enseignait comment naviguer les complexités de la vie conjugale avec grâce et patience, tout en m'aidant à comprendre les aspects spirituels qui influencent les relations. Sa capacité à intégrer ces connaissances spirituelles dans des conseils pratiques était véritablement remarquable.

En plus de sa sagesse, la mère de Julien était une femme d'une grande douceur. Son attitude bienveillante et son soutien constant faisaient d'elle une figure maternelle irremplaçable dans ma vie. Sa présence m'apportait un sentiment de sécurité et de stabilité, surtout pendant les moments difficiles. Sa maison était toujours ouverte et accueillante, un lieu où je pouvais me rendre pour chercher du réconfort et des conseils. Elle avait le don de transformer chaque conversation en une leçon de vie, et ses paroles résonnaient longtemps après que nous nous soyons séparées. Elle voyait en moi plus qu'une simple belle-fille; elle me traitait comme sa propre fille, avec amour et respect. Sa connaissance approfondie des traditions Sénoufo et sa capacité à les transmettre avec pertinence et compassion étaient inestimables. Elle m'aidait à comprendre et à apprécier la richesse de cette culture, tout en m'enseignant comment appliquer ces valeurs dans ma propre vie. Chaque échange avec elle était une opportunité d'apprendre et de grandir. Sa gentillesse et sa sagesse ont eu un impact profond sur ma vie. Grâce à elle, j'ai pu naviguer les défis de mon mariage avec une perspective plus éclairée et une meilleure compréhension des dynamiques culturelles et spirituelles qui influencent les relations. Elle a été une véritable bénédiction dans ma vie, un phare de lumière et de sagesse dans des moments souvent tumultueux. Son soutien inébranlable m'a permis de voir les aspects positifs des traditions Sénoufo et de comprendre leur importance dans la préservation de l'harmonie familiale. Cependant, ce soutien inestimable s'accompagnait également d'une complexité que je n'avais pas anticipée.

Au début, je pensais que les pratiques et les intimidations spirituelle à la maison étaient inoffensives, peut-être même bénéfiques. Mais rapidement, j'ai réalisé qu'elles avaient un impact bien plus profond sur notre vie conjugale. Julien lui-même semblait tiraillé entre son désir de mener une vie moderne et son attachement aux traditions de sa famille. Il participait souvent aux rituels avec une ferveur qui me déconcertait. Parfois, il semblait que ces pratiques le contrôlaient plus qu'il ne les contrôlait. Notre maison était souvent le théâtre de cérémonies nocturnes, de chants incantatoires et de sacrifices rituels qui me mettaient mal à l'aise. Les tensions ont commencé à apparaître dans notre relation lorsque j'ai exprimé mon inconfort face à ces pratiques. Julien défendait sa famille avec passion, insistant sur le fait que ces rituels faisaient partie de leur héritage et qu'ils devaient être respectés. J'ai essayé de comprendre et de m'adapter, mais le fossé entre nous ne faisait que se creuser. La maison, autrefois un refuge, devenait un lieu de conflits et de ressentiments.

L'influence de la mère de Julien sur lui était particulièrement troublante. Elle avait une emprise sur son esprit et son comportement qui me laissait souvent perplexe. Julien, autrefois si indépendant et rationnel, semblait de plus en plus soumis à ses volontés. Elle lui prodiguait des conseils et des directives basées sur des interprétations spirituelles qui, à mon avis, n'étaient pas toujours bienveillantes. Les choses se compliquèrent encore lorsque nous avons eu nos enfants. Les pressions de la famille de Julien pour intégrer les enfants dans leurs pratiques spirituelles étaient constantes. J'étais terrifiée à l'idée que mes enfants soient exposés à des rituels que je ne comprenais pas et auxquels je ne croyais pas. Julien, pris entre son amour pour moi et sa loyauté envers sa famille, était souvent dans une position impossible. Notre relation s'effritait sous le poids de ces différences. Les disputes devenaient fréquentes, et les moments de tendresse se faisaient rares. J'avais l'impression de vivre avec un étranger, un homme qui n'était plus le Julien que j'avais épousé. L'amour que j'avais pour lui était toujours présent, mais il était éclipsé par la désillusion et la peur. Un tournant décisif fut atteint lorsque j'ai découvert que Julien avait consulté des mages avant notre mariage pour s'assurer que notre union lui apporterait chance et prospérité. Cette révélation m'a profondément blessée. J'avais cru que notre amour était basé sur des sentiments sincères, mais il semblait que des forces occultes avaient également joué un rôle dans notre union. Cela remettait en question tout ce en quoi j'avais cru.

Malgré ces découvertes troublantes, j'ai continué à espérer que nous pourrions surmonter ces épreuves. J'ai essayé de parler à Julien, de lui expliquer mes craintes et mes sentiments, mais il restait sourd à mes appels. Sa dévotion envers sa famille et leurs pratiques spirituelles était plus forte que jamais, et je me sentais de plus en plus isolée. Finalement, j'ai dû prendre une décision pour protéger mes enfants et moi-même. La promesse que j'avais faite à Julien était devenue une prison, et il était temps de me libérer de ces chaînes. Avec une lourde tristesse, j'ai compris que notre amour, bien qu'intense, ne pouvait survivre aux forces qui nous divisaient. Mes prières, qui étaient pour moi une source de réconfort et de force, commençaient à perturber profondément les pratiques spirituelles de Julien et de sa famille. Julien, autrefois tolérant

Le Chemin de Ma Vie

et respectueux de mes croyances, devint de plus en plus hostile à mesure que mes prières semblaient contrecarrer les rituels de sa famille. Il interprétait mes actions comme des attaques directes contre ses traditions et son héritage. Nos discussions, qui autrefois étaient empreintes de compréhension, se transformaient en disputes amères. Julien commençait à me voir non plus comme sa partenaire, mais comme une ennemie intérieure.

Les insultes devinrent fréquentes. Julien, poussé par une colère que je ne reconnaissais pas en lui, commençait à m'accuser d'infidélité. Il prétendait que mes prières étaient des subterfuges pour cacher mes prétendues trahisons. Ces accusations infondées étaient douloureuses et destructrices. L'homme que j'avais aimé et respecté se transformait en une personne que je ne reconnaissais plus. Chaque mot cruel qu'il prononçait érodait un peu plus notre relation. La situation atteignit son paroxysme lorsque Julien commença à renier nos enfants. Il les accusait d'être le fruit de mes infidélités imaginaires et menaçait de les désavouer. Voir la méfiance et la cruauté dans ses yeux lorsqu'il regardait nos enfants était insupportable. Les enfants, innocents et désorientés, ne comprenaient pas pourquoi leur père, autrefois aimant, les traitait soudainement avec une telle froideur. Malgré tout, je continuais à prier. Mes prières étaient mon seul refuge dans ce chaos, mon seul moyen de trouver la force de continuer. Je priais pour la protection de mes enfants, pour la clarté d'esprit de Julien, et pour le courage de prendre les décisions difficiles qui s'imposaient. Mais chaque prière semblait aggraver la situation, provoquant des réactions de plus en plus violentes de la part de Julien.

L'atmosphère à la maison était devenue invivable. La tension était palpable à chaque instant, et les enfants étaient les premiers à en souffrir. Leur insécurité et leur peur me déchiraient le cœur. Je savais que je devais agir pour les protéger, pour leur offrir un environnement stable et aimant, loin des conflits et des accusations. J'ai commencé à envisager sérieusement la séparation. Cette idée, qui m'avait toujours semblé impossible à cause de la promesse que j'avais faite, devenait maintenant une nécessité pour le bien-être de mes enfants et le mien. Dans ma tradition, une femme ne doit jamais sortir de sa maison conjugale sans être répudiée par son mari. Cette règle, profondément ancrée dans nos coutumes, rendait ma décision encore plus difficile à prendre. Cependant, la douleur et le désespoir étaient devenus insupportables. Chaque nuit, je passais des heures à pleurer, priant pour une solution, une sortie de ce cauchemar. Julien, autrefois discret dans ses écarts, ne se cachait plus. Il passait des nuits entières dehors, souvent chez des maîtresses, et son absence était un coup de poignard supplémentaire dans mon cœur déjà meurtri. Sa négligence et son indifférence étaient claires, et je voyais de moins en moins de raisons de continuer à me battre pour un mariage qui n'était plus qu'une façade. Ses retours au petit matin, parfois dans un état second, ne faisaient que confirmer ce que je savais déjà : Julien avait tourné la page de notre histoire.

Les enfants, bien que jeunes, commençaient à ressentir l'impact de notre relation détériorée.

Leurs regards inquiets et leurs questions innocentes sur l'absence de leur père étaient des rappels constants de l'environnement toxique dans lequel nous vivions. Je savais que pour leur bien-être émotionnel et mental, je devais prendre une décision courageuse. Il était temps de mettre fin à ce cycle de douleur et de désillusion. Mais la pression des traditions et des attentes familiales pesait lourd sur mes épaules. L'idée de partir sans la répudiation de Julien signifiait braver les normes sociales et affronter le jugement de ma communauté. Cependant, la survie émotionnelle de mes enfants et la mienne passaient avant tout. Je devais trouver la force de faire ce qui était juste pour nous, même si cela signifiait aller à l'encontre des conventions. Les nuits étaient les plus difficiles. Isolée dans notre chambre, je pleurais en silence, ressentant chaque rejet, chaque absence de Julien comme une blessure ouverte. Ma foi et mes prières étaient mes seules consolations. Je demandais à Dieu de me donner la force de surmonter cette épreuve, de protéger mes enfants et de me guider vers une décision juste. Chaque prière était une supplique pour la clarté et la courage. Les actions de Julien ne laissaient aucun doute sur sa position. Il avait choisi une vie sans nous, préférant la compagnie de ses maîtresses et de ses nouveaux amis à celle de sa famille. Sa transformation était totale et irréversible. Il n'était plus l'homme que j'avais épousé, et il n'était certainement pas le père que nos enfants méritaient. La réalité de cette situation me frappait chaque jour un peu plus durement. Finalement, la décision de partir s'est imposée à moi comme une évidence. Je ne pouvais plus vivre dans ce mensonge, prétendant que tout allait bien alors que chaque aspect de notre vie conjugale s'effondrait. Les enfants et moi méritions mieux qu'une existence marquée par l'absence, la trahison et la douleur. Nous avions besoin de paix, de stabilité, et d'amour véritable – des choses que Julien n'était plus capable de nous offrir.

Sans toute attente, un jour, après être revenue d'un court voyage chez mes parents où Julien m'avait convoquée pour une discussion, je suis rentrée à la maison pour trouver tous mes bagages dehors, sous une pluie battante. Le choc et la douleur étaient indescriptibles. Mes enfants, tremblant et confus, se tenaient à mes côtés, ne comprenant pas pourquoi leurs affaires étaient éparpillées sous l'orage. Julien n'était nulle part en vue, mais son message était clair : il voulait que nous partions. Cette manière brutale et sans cœur de nous mettre à la porte confirmait que notre relation avait atteint un point de non-retour. Sous la pluie, les larmes se mêlant aux gouttes d'eau, j'ai senti la douleur de l'abandon et de l'humiliation. Cependant, je savais que je devais rester forte pour mes enfants. Dans un acte de foi et de courage, j'ai appelé un pasteur que je connaissais, un homme de grande sagesse et de compassion. Je lui ai expliqué la situation, et il a accepté de venir immédiatement pour nous apporter son soutien. Ensemble, nous avons prié sous la pluie, demandant force et guidance dans cette épreuve. Les mots du pasteur étaient réconfortants, une lumière dans cette nuit sombre.

Après la prière, j'ai pris une décision symbolique et puissante. J'ai offert tous mes bagages à un orphelinat proche, ne gardant que l'essentiel.

C'était ma manière de renoncer au passé, de libérer le poids des souvenirs douloureux. Je savais que ces affaires pourraient être d'une grande aide pour ceux qui en avaient besoin, et cela me donnait un sens de paix et de renouveau. Parmi les quelques objets que j'ai conservés, il y avait ma cuisinière, un objet très symbolique en pays Sénoufo. La cuisinière représentait non seulement la chaleur et la nourriture, mais aussi la résilience et la continuité de la vie domestique. En gardant cet objet, je voulais me rappeler que malgré tout, je pouvais reconstruire une nouvelle vie pour moi et mes enfants. Avec l'aide du pasteur, nous avons trouvé un refuge temporaire où nous pouvions rester jusqu'à ce que je trouve une solution plus permanente. L'accueil chaleureux et l'entraide de la communauté étaient une source immense de réconfort. Mes enfants, bien que perturbés par les événements, commençaient à se sentir en sécurité et protégés. Les jours qui suivirent furent dédiés à la recherche d'un nouveau foyer. Chaque étape était une bataille, mais aussi un acte de libération. Je commençais à entrevoir un avenir sans Julien, un avenir où la paix et la stabilité pouvaient enfin régner. Les mots et les prières du pasteur résonnaient en moi, me donnant la force de continuer à avancer.

Les jours qui suivirent furent dédiés à la recherche d'un nouveau foyer. Chaque étape était une bataille, mais aussi un acte de libération. Je commençais à entrevoir un avenir sans Julien, un avenir où la paix et la stabilité pouvaient enfin régner. Les mots et les prières du pasteur résonnaient en moi, me donnant la force de continuer à avancer. Cependant, cette lueur d'espoir fut brutalement éteinte lorsque Julien, usant de son influence et de manœuvres légales, réussit à reprendre les enfants. Il m'a laissé seule, ignorant la grossesse que je portais, une grossesse qui était le résultat de notre dernière intimité après de nombreuses plaintes et tentatives de séparation de corps. Julien, dans son obstination et son refus de me laisser partir, avait cherché à me retenir par tous les moyens possibles. Ce dernier jour ensemble, chargé de tensions et de résolutions infructueuses, s'était soldé par un moment de faiblesse où nous nous étions rapprochés physiquement. Cet ultime rapprochement avait conduit à la conception d'un nouvel enfant. Lorsque j'ai découvert ma grossesse, j'ai ressenti un mélange de peur, de désespoir et de détermination. Julien, en apprenant la nouvelle, a renié la grossesse, refusant d'accepter sa responsabilité et niant tout lien avec cet enfant à naître. Seule, sans mes enfants, et rejetée par celui qui aurait dû être mon partenaire, j'ai traversé des jours de profonde solitude et de questionnements intenses. Chaque mouvement de la vie grandissante en moi était un rappel de la complexité de ma situation. Mais au lieu de sombrer dans le désespoir, j'ai trouvé en cette nouvelle vie une raison de me battre, une flamme de courage et de résilience.

L'absence de mes enfants me déchirait le cœur, mais je savais que je devais me concentrer sur cette nouvelle grossesse et sur la préparation d'un environnement stable pour l'enfant à venir. Les mots de soutien du pasteur et des quelques amis fidèles étaient des ancrages dans cette tempête émotionnelle. Chaque prière était une demande de force et de guidance pour traverser cette période tumultueuse. Je me suis plongée dans la recherche de ressources et d'aides pour m'assurer que je pourrais subvenir aux besoins de mon futur enfant. Les démarches administratives, les consultations médicales, et la préparation matérielle me tenaient occupée, me donnant un objectif clair et immédiat. La douleur de la séparation d'avec mes premiers enfants était toujours présente, mais je savais que je devais me concentrer sur ce que je pouvais contrôler. Pendant ce temps, Julien continuait à vivre sa vie, apparemment insensible à la souffrance qu'il causait. Ses fréquentations, ses activités politiques et sociales occupaient son temps, tandis que je me battais pour reconstruire ma vie. Les nuits étaient les plus difficiles, remplies de souvenirs douloureux et de rêves de ce que notre vie aurait pu être. Mais chaque matin, je trouvais la force de me lever et de continuer à avancer.

Finalement, avec l'aide du pasteur et de quelques membres de la communauté, j'ai pu trouver un refuge chez une amie, un petit appartement où je pourrais accueillir mon nouvel enfant. Cet endroit, bien que modeste, représentait un nouveau départ. Les mois passaient, et la date de l'accouchement approchait. Malgré les difficultés, j'étais prête à accueillir ce nouvel être avec tout l'amour et la protection dont j'étais capable. La grossesse, bien que imprévue, était devenue une source de motivation et de force. Chaque coup de pied, chaque mouvement du bébé était un rappel que la vie continue, et que malgré les obstacles, il y avait toujours de l'espoir. L'accouchement approchait, et chaque jour, je me préparais mentalement et émotionnellement pour accueillir ce nouvel être dans ma vie. Lorsque le jour tant attendu arriva, les douleurs de l'accouchement furent intenses, mais elles furent aussi un témoignage de ma force et de ma résilience.

Notre bébé est né en pleine santé, et en le tenant pour la première fois, j'ai senti une immense vague d'amour et de gratitude m'envahir. Je l'ai baptisé Yoann, un prénom hébreu signifiant "la flamme de Dieu". Ce nom symbolisait la nouvelle flamme que Dieu venait d'allumer dans ma vie, une lumière dans l'obscurité qui me donnait la force de continuer. Yoann était non seulement un cadeau, mais aussi une preuve que la vie pouvait renaître des cendres de la douleur et de la désillusion. Cependant, Julien ne tarda pas à manifester son intérêt pour Yoann. Malgré toutes les tentatives de Julien de se détacher de moi et de notre relation, il semblait incapable de couper les liens avec cet enfant. Yoann était sa photocopie, un reflet de lui-même qu'il ne pouvait ignorer. Julien, avec ses nouvelles fréquentations et son ambition politique, voyait en Yoann une continuation de sa lignée, et il chercha à plusieurs reprises à me prendre cet enfant. Les tentatives de Julien étaient à la fois subtiles et directes. Il a essayé de me convaincre par des paroles mielleuses, promettant de changer et de prendre soin de nous si je revenais avec Yoann. Mais ces promesses creuses ne m'atteignaient plus. Je savais qu'il n'était pas sincère, et je ne pouvais risquer de retomber dans le cycle de manipulation et de douleur. Yoann était ma flamme, et je devais la protéger à tout prix.

Lorsque les tentatives verbales échouèrent, Julien recourut à des méthodes plus coercitives. Il utilisa son influence pour essayer de me faire pression légalement, affirmant ses droits de père. Les menaces légales et les intimidations étaient un autre test de ma détermination. Mais chaque fois que je regardais Yoann, je savais que je ne pouvais céder. Cet enfant méritait un environnement stable et aimant, loin des conflits et des tensions. Les nuits étaient souvent remplies de craintes et d'incertitudes, mais ma foi et la communauté qui m'entourait étaient mes boucliers. Le pasteur et les amis fidèles qui avaient été avec moi depuis le début continuaient de m'offrir leur soutien inébranlable. Nous priions ensemble pour la protection d'Yoann et pour la force de surmonter ces nouveaux défis. Chaque prière renforçait ma résolution. La décision de Julien de revendiquer Yoann ne fit que renforcer mon instinct maternel protecteur. Je savais que je devais être prête à tout pour assurer la sécurité et le bien-être de mon fils. Les démarches administratives, les consultations avec des avocats et les multiples rendez-vous devinrent une routine, mais chaque étape était un pas vers la protection de notre nouvelle vie. Pendant ces moments de tension, Yoann, avec son sourire innocent et ses yeux pleins de vie, était ma source de courage. Il était la preuve vivante que l'amour et la lumière pouvaient triompher des ténèbres. Son existence même était un miracle qui m'encourageait à continuer à me battre pour ce qui était juste et nécessaire. Le chemin était ardu, mais chaque victoire, aussi petite soit-elle, était une affirmation de ma capacité à surmonter les obstacles. L'amour que je portais à Yoann surpassait toutes les difficultés.

Chapitre 5

L'Emprise de la Spiritualité Obscure

Après le divorce, ma vie prit une tournure encore plus sombre et compliquée. Sans ressources et sans soutien financier, je trouvai refuge chez mon amie Espérance, qui m'accueillit avec chaleur et compassion. Espérance comprenait les difficultés que je traversais et, souhaitant m'aider à me remettre sur pied, me proposa un emploi dans son maquis-bar. Ce travail, bien que modeste, offrait une source de revenu indispensable pour subvenir à mes besoins et à ceux d'Yoann, mon fils. Au début, je m'acquittais de mes tâches avec diligence, nettoyant les tables, servant les clients et aidant à la cuisine. Le travail était éprouvant, mais il me permettait de maintenir un semblant de normalité et de structure dans ma vie chaotique. Espérance était une patronne compréhensive, offrant la flexibilité nécessaire pour m'occuper de mon fils. Sa présence et son soutien m'étaient d'un grand réconfort durant cette période difficile. Cependant, la nature du maquis-bar et les fréquentations qui y gravitaient apportaient leur lot de défis. Rapidement, je remarquai que certains clients, souvent des hommes ivres ou mal intentionnés, cherchaient à profiter de ma vulnérabilité. Je repoussais leurs avances avec fermeté, m'accrochant à mes principes et au respect de mon corps. Les souvenirs douloureux de ma relation avec Julien et les blessures encore fraîches me rendaient méfiante et réticente à toute forme d'intimité avec les hommes.

Cette méfiance n'était pas sans fondement. Chaque tentative d'approche me rappelait les moments difficiles passés avec Julien, les trahisons et les manipulations. J'avais été profondément marquée par ces expériences, et la dernière chose que je voulais était de me retrouver à nouveau dans une situation de dépendance émotionnelle ou financière. Ainsi, je me consacrais pleinement à mon travail et à l'éducation d'Yoann, évitant soigneusement toute complication supplémentaire. Dans ces moments de solitude et de lutte intérieure, je trouvais un certain réconfort dans ma foi. Les prières et les moments de réflexion m'aidaient à trouver la force de continuer, malgré les difficultés. Le soutien d'Espérance et la perspective de voir mon fils grandir heureux étaient mes principales motivations. Je savais que cette période de ma vie n'était qu'un passage, un pont vers quelque chose de meilleur. Chaque jour, je me rappelais que, malgré les obstacles, je devais rester forte et ne jamais perdre espoir. La vie au maquis-bar était loin d'être idéale, mais elle m'avait appris des leçons précieuses sur la résilience et la survie.

Après le divorce, ma vie prit une tournure encore plus sombre et compliquée. Sans ressources et sans soutien financier, je trouvai refuge chez une amie, Espérance, qui m'accueillit avec chaleur et compassion. Espérance comprenait les difficultés que je traversais et, souhaitant m'aider à me remettre sur pied, me proposa un emploi dans son maquis-bar. Ce travail, bien que modeste, m'offrait une source de revenu indispensable pour subvenir à mes besoins et à ceux d'Yoann, mon fils. Au début, je m'acquittais de mes tâches avec diligence, nettoyant les tables, servant les clients et aidant à la cuisine. Le travail était éprouvant, mais il me permettait de maintenir un semblant de normalité et de structure dans ma vie chaotique. Espérance était une patronne compréhensive, offrant la flexibilité nécessaire pour m'occuper de mon fils. Cependant, la nature du maquis-bar et les fréquentations qui y gravitaient apportaient leur lot de défis. Rapidement, je remarquai que certains clients, souvent des hommes ivres ou mal intentionnés, cherchaient à profiter de ma vulnérabilité. Je repoussais leurs avances avec fermeté, m'accrochant à mes principes et au respect de mon corps. Les souvenirs douloureux de ma relation avec Julien et les blessures encore fraîches me rendaient méfiante et réticente à toute forme d'intimité avec les hommes.

Voyant mes difficultés financières croissantes, Espérance me proposa une solution qu'elle pensait pratique : me livrer aux hommes en échange de compensations financières. Pour elle, cela semblait être une issue raisonnable à mes problèmes. Mais pour moi, cette suggestion était impensable. J'avais toujours valorisé mon intégrité et mon respect de soi, et l'idée de me vendre pour de l'argent allait à l'encontre de toutes mes convictions. Je refusai catégoriquement l'offre d'Espérance. Je préférais continuer à travailler dur et à lutter pour subvenir à mes besoins de manière honorable, plutôt que de trahir mes valeurs. Cette décision, bien que difficile, me permit de garder la tête haute et de rester fidèle à moi-même malgré les épreuves. Cependant, cette position ferme eut des conséquences sur ma relation avec Espérance, qui commença à se montrer moins compréhensive et plus exigeante. Les tensions au travail s'intensifièrent. Déçue par mon refus, Espérance réduisit progressivement mes heures de travail, rendant ma situation encore plus précaire. Les clients réguliers du maquis-bar, conscients de ma vulnérabilité, intensifièrent leurs avances, espérant profiter de ma détresse financière. Je me retrouvais chaque jour à devoir repousser ces avances, renforçant ma méfiance et mon désespoir.

L'emprise de la spiritualité obscure continuait à peser sur ma vie. Julien, bien que physiquement absent, semblait encore exercer une influence invisible mais puissante sur mon existence. Les pratiques spirituelles de sa famille et les rituels auxquels il participait semblaient laisser une ombre persistante sur moi. Je ressentais souvent une présence oppressante, un malaise inexplicable qui m'accompagnait partout. Mes nuits étaient hantées par des cauchemars et des visions sombres. Malgré tout, je continuais de prier, cherchant du réconfort et de la force dans ma foi. Mes prières étaient des boucliers contre l'emprise de ces forces obscures. Je priais pour la protection de mon fils Yoann et pour la force de résister à toutes les tentations et les pressions. Ma foi inébranlable était ma lumière dans les ténèbres, me donnant le courage de continuer chaque jour. La situation atteignit un point critique lorsque Espérance, exaspérée par mes refus constants, me donna un ultimatum : soit j'acceptais de me livrer aux hommes, soit je devais quitter mon emploi. Cette décision déchirante me plaça devant un choix impossible. Je savais qu'accepter irait à l'encontre de tout ce que j'avais toujours défendu, mais refuser signifiait plonger encore plus profondément dans la précarité. Face à cet ultimatum, je choisis de préserver mon intégrité. Je quittai mon emploi au maquis-bar, sachant que j'entrais dans une période d'incertitude totale. Mais pour moi, la dignité et le respect de soi étaient des valeurs non négociables. Je savais que tant que je restais fidèle à mes principes, je trouverais un moyen de survivre et de prospérer, malgré les obstacles.

Je me tournai vers des travaux occasionnels et des aides ponctuelles de la communauté pour subvenir à mes besoins et à ceux d'Yoann. Chaque jour était une lutte, mais je trouvais toujours une lueur d'espoir dans les sourires de mon fils et dans les prières que j'adressais à Dieu. Malgré l'emprise de la spiritualité obscure qui semblait peser sur ma vie, je restais déterminée à me battre pour un avenir meilleur pour nous. Un jour, alors que je cherchais désespérément un emploi plus stable, je rencontrai Mr. Koné, un client régulier du maquis-bar où j'avais travaillé auparavant. Cet homme, propriétaire d'une buvette dans un quartier voisin, connaissait ma situation difficile. Avec bienveillance, il me proposa un poste dans son établissement. Bien que ce ne fût pas le travail de mes rêves, j'acceptai avec gratitude, espérant que cela m'offrirait une certaine stabilité.

Les propos injurieux de Julien ajoutaient à mon fardeau. Chaque fois qu'il appelait, il ne manquait jamais une occasion de m'insulter et de me rabaisser. Julien, aigri par le cours des événements et incapable de lâcher prise, trouvait dans ces appels une manière de maintenir son emprise sur moi. Ses mots cruels et venimeux étaient comme des poignards, mais je me refusais à montrer ma douleur, surtout devant Yoann. Malgré tout, je trouvais la force de continuer. Chaque sourire de mon fils, chaque petit progrès qu'il faisait, était une source de réconfort et de motivation. Je savais que je devais être forte pour lui, qu'il avait besoin d'un modèle de résilience et de dignité. Les journées à la buvette étaient épuisantes. Je passais mes journées à servir les clients, à nettoyer et à gérer les petites crises qui se produisaient souvent dans un tel environnement. Mr. Koné, bien qu'exigeant, était un patron juste et reconnaissait mes efforts. Il voyait en moi une travailleuse acharnée et dévouée, et bien que le salaire fût modeste, il essayait de m'apporter son soutien moral. Les nuits, je rentrais épuisée, mais toujours avec un sourire pour Yoann. Je lui lisais des histoires, chantais des berceuses et le couvrais d'affection. Chaque moment passé avec lui était précieux et me donnait la force de continuer. Je trouvais dans ces instants de tendresse une raison de me battre chaque jour, malgré les difficultés et les humiliations.

Pendant ce temps, des voisins apportaient parfois de la nourriture, des vêtements pour Yoann ou proposaient de garder l'enfant quelques heures pour que je puisse me reposer. Leur gentillesse m'aidait à tenir le coup, mais Julien, de son côté, continuait à perturber ma tranquillité. Ses appels intempestifs, remplis de rancœur et de venin, étaient des épreuves supplémentaires à surmonter. Je savais que chaque mot blessant était une tentative de me faire céder, de me ramener sous son joug. Mais je tenais bon, me rappelant chaque jour pourquoi j'avais choisi de partir, pourquoi je devais protéger Yoann de cette influence toxique. Ma foi restait mon pilier. Je priais chaque jour pour la force, la protection et la guidance divine. Ces prières étaient des moments sacrés où je me sentais proche de Dieu, où je trouvais la paix et la résilience nécessaires pour affronter les défis de la vie. Je savais que, malgré tout, Dieu avait un plan pour Yoann et moi, et je restais convaincue que des jours meilleurs viendraient. Petit à petit, je commençais à envisager des moyens de m'élever au-delà de ma situation actuelle. Je rêvais de retourner à l'école, de suivre une formation qui me permettrait de trouver un emploi mieux rémunéré et plus stable. Cependant, les circonstances me poussèrent vers une autre voie tout aussi ambitieuse : ouvrir mon propre petit restaurant. Inspirée par les plats que je préparais avec amour pour Yoann et les encouragements de ceux qui avaient goûté ma cuisine, je décidai de me lancer dans cette aventure.

Avec les modestes économies que j'avais pu rassembler et l'aide de quelques amis bienveillants, je louai un petit local dans un quartier animé. Je mis tout mon cœur dans la préparation de cet espace, décorant le restaurant avec des touches chaleureuses et accueillantes. Chaque détail, du menu soigneusement conçu à la disposition des tables, reflétait mon désir d'offrir un service de qualité à mes clients. Le restaurant devint rapidement populaire dans le quartier. Ma cuisine authentique et savoureuse attirait une clientèle fidèle, et le bouche-à-oreille fit le reste. Les clients appréciaient non seulement la nourriture, mais aussi l'accueil chaleureux et l'attention particulière que je portais à chacun d'eux. Je me faisais de bons amis parmi mes clients, des personnes qui, touchées par mon histoire et mon dévouement, m'aidaient sans attendre quoi que ce soit en retour. Ces nouveaux amis apportaient un soutien précieux. Ils m'aidaient à faire connaître le restaurant, à gérer les commandes et même à surveiller Yoann lorsque j'étais occupée. Leur aide était désintéressée et sincère, ce qui renforçait ma conviction que, malgré les épreuves, il y avait encore beaucoup de bonté dans le monde. Je me réservais pour moi-même, restant fidèle à mes valeurs et croyant fermement que si je devais un jour partager ma vie avec un autre homme, ce serait selon le choix de Dieu.

Cependant, ce succès attirait aussi la jalousie et la méfiance de certains. Dans le quartier, des concurrents voyaient d'un mauvais œil la montée en popularité de mon restaurant. Des rumeurs et des commérages commencèrent à circuler, cherchant à ternir ma réputation. Mais, forte de ma foi et de mon intégrité, je refusais de me laisser abattre par ces médisances. La sorcellerie, cette ombre qui avait toujours plané autour de ma vie depuis mon mariage avec Julien, fit également surface. Des incidents étranges commencèrent à se produire dans mon restaurant : des ustensiles disparaissaient, des ingrédients se gâtaient inexplicablement, et des accidents mineurs survenaient de façon mystérieuse. Bien que troublée par ces événements, je me tournais vers la prière pour trouver la force de continuer. Chaque obstacle surmonté renforçait ma détermination et mon engagement envers mon entreprise. J'innovais sans cesse, ajoutant de nouveaux plats à mon menu et organisant des événements spéciaux pour attirer une clientèle diversifiée. Ma capacité à me réinventer et à rester résiliente face aux difficultés était admirable.

Yoann grandissait dans cet environnement dynamique, entouré d'amour et de soutien. Il voyait sa mère travailler dur et triompher des obstacles, et cela lui inspirait une grande admiration. Chaque jour, je continuais à bâtir mon rêve, un repas à la fois, un sourire à la fois. Ma flamme, nourrie par la foi et l'amour, brûlait plus brillamment que jamais, éclairant le chemin vers un avenir plein de promesses et de possibilités. Cependant, la soif acharnée de Julien pour le pouvoir politique le détruisait et, par ricochet, affectait indirectement les enfants. Son obsession pour la politique le poussait à prendre des décisions imprudentes et à s'entourer de personnes mal intentionnées, ce qui ne faisait qu'accroître les tensions. Un jour, alors que je priais pour la protection de ma famille avec ma mère spirituelle, la bienfaitrice que Dieu m'avait envoyée après le décès de ma mère biologique, je fis une découverte bouleversante. Je réalisai que les problèmes de mon foyer n'étaient pas seulement dus à Julien et à ses ambitions destructrices. Ma propre famille jouait également un rôle sombre dans mes difficultés. Je découvris que certains membres de ma famille, jaloux de ma résilience et de mon succès, ne voulaient pas me voir heureuse. Pire encore, ils cherchaient à m'initier à la sorcellerie, convaincus que j'étais l'élue de leur lignée pour perpétuer leurs pratiques occultes.

Cette révélation ajouta une nouvelle dimension à mon combat. Je compris que mon combat spirituel ne se limitait pas seulement aux influences néfastes de Julien et de ses fréquentations, mais qu'il s'étendait également à ma propre famille. La jalousie et les intentions malveillantes de mes proches laissaient une empreinte sombre sur ma vie, tentant de m'attirer dans un monde que je rejetais fermement. Ma foi inébranlable en Jésus Christ avait toujours été ma force, et je savais maintenant que cette foi serait mise à l'épreuve de manière encore plus intense. Ma famille, voyant que je résistais à leurs tentatives d'initiation, redoubla d'efforts pour me briser. Ils utilisaient des méthodes subtiles et parfois directes pour me faire céder, mais je restais résolue à ne pas me laisser corrompre. Les nuits étaient remplies de prières et de combats spirituels. Je priais pour la protection divine, pour la force de résister aux tentations et pour la lumière de Dieu dans ma vie. Je savais que ce combat ne pouvait être remporté que par une foi profonde et une confiance totale en Jésus Christ. Chaque prière était un bouclier contre les forces obscures qui cherchaient à m'envahir. Mais le combat devenait de plus en plus difficile. Les attaques spirituelles de ma famille, combinées à la déstabilisation causée par les actions de Julien, créaient une atmosphère de tension et de peur. Je sentais parfois le poids de l'épuisement, mais je refusais de céder. Je savais que ma mission était de protéger mes enfants et de maintenir la lumière de Dieu dans notre vie.

Les enfants, bien que jeunes, ressentaient également les effets de ces conflits. Je faisais de mon mieux pour les protéger, les entourant d'amour et de soins, mais je ne pouvais pas toujours les préserver des ombres qui planaient sur notre foyer. Je leur parlais souvent de Dieu, leur enseignais à prier et les assurais que, malgré les épreuves, nous étions toujours sous la protection divine. Malgré les difficultés, je ne perdais jamais de vue mon objectif. Je continuais à gérer mon restaurant avec passion et détermination, trouvant dans mon travail une source de réconfort et de stabilité. Mes clients fidèles et mes amis dans la communauté étaient un soutien inestimable, me rappelant que je n'étais pas seule dans ce combat.

Chapitre 6

Luttes Intérieures et Angoisses

Les luttes intérieures que je vivais étaient profondes et constantes, semblables à des vagues qui ne cessaient de se briser contre les rives de mon esprit. Chaque jour était une bataille contre des forces invisibles, une lutte pour maintenir ma foi et mon équilibre mental. Les épreuves spirituelles et les défis de la vie quotidienne se combinaient pour créer une atmosphère de tristesse et d'angoisse presque insoutenable. Je me retrouvais souvent plongée dans des périodes de pleurs, accablée par la tristesse des pertes que j'avais subies. La séparation d'avec Julien, bien que nécessaire, avait été un coup dur. Le souvenir des promesses brisées et des espoirs déçus me hantait. Chaque nuit, je pleurais la perte de l'homme que j'avais aimé et les rêves que nous avions partagés. Les larmes étaient mon seul exutoire face à la douleur qui semblait ne jamais vouloir disparaître.

Les échecs successifs ajoutaient à mon sentiment de désespoir. Chaque tentative de reconstruire ma vie semblait être contrecarrée par des forces obscures. Les luttes financières, les défis de gérer mon restaurant et de m'occuper de mes enfants seule étaient des fardeaux écrasants. Je me demandais souvent si j'étais assez forte pour continuer, si j'avais en moi la résilience nécessaire pour surmonter ces épreuves incessantes. L'angoisse était une compagne constante. Je craignais pour l'avenir de mes enfants, pour leur bien-être et leur sécurité. Je m'inquiétais de ne pas pouvoir leur offrir la stabilité et la sécurité dont ils avaient besoin. Les pressions extérieures, les menaces spirituelles et la jalousie de ceux qui voulaient mon échec alimentaient mon angoisse. Chaque jour, je me demandais comment je pourrais protéger ma famille de ces forces destructrices. Les périodes de doute étaient fréquentes. Je me posais des questions sur le sens de ma vie, sur la direction que je devais prendre. Devais-je continuer à me battre contre ces forces obscures, ou devais-je chercher un autre chemin ? La peur de l'inconnu, le sentiment de ne pas avoir de contrôle sur mon destin, étaient des sources constantes de stress et de confusion. La fatigue mentale et émotionnelle commençait à peser lourdement sur moi. Malgré tout, je refusais de céder à la désespérance. Je trouvais du réconfort dans mes prières, dans ma foi inébranlable en Dieu. Mes moments de communion avec le divin étaient des refuges de paix et de force. Je priais pour la guidance, pour la clarté d'esprit et pour la protection contre les forces maléfiques qui tentaient de me déstabiliser. Chaque prière était une lumière dans l'obscurité, un rappel que, même dans les moments les plus sombres, il y avait toujours une lueur d'espoir.

Le restaurant, bien que source de revenus, était également une source de stress. Je me demandais souvent si je passerais le reste de ma vie à gérer cet établissement, à lutter contre les défis quotidiens sans jamais connaître la paix et la satisfaction que je recherchais. Le travail était épuisant, et les interactions avec certains clients ajoutaient à mon sentiment de vulnérabilité. Mais le restaurant était aussi un symbole de ma résilience, de ma capacité à me tenir debout malgré les tempêtes. Les pertes et les déceptions étaient des blessures profondes. Je pleurais non seulement la perte de mon mariage, mais aussi les rêves brisés et les espoirs déçus. Chaque échec était une nouvelle cicatrice sur mon cœur, un rappel des promesses non tenues et des opportunités manquées. Je me demandais souvent si je trouverais un jour la guérison et la paix intérieure, si je serais capable de surmonter ces blessures pour reconstruire ma vie. Je trouvais du réconfort dans les petits moments de joie et de bonheur. Les sourires de mes enfants, les moments de calme et de tendresse étaient des rappels que, malgré les épreuves, il y avait encore de la beauté et de l'amour dans ma vie. Ces moments me donnaient la force de continuer, de croire que, malgré tout, il y avait encore de l'espoir pour un avenir meilleur. Les combats spirituels étaient les plus épuisants. Je sentais constamment la présence de forces obscures qui tentaient de me détourner de mon chemin. Les prières et les rituels de protection étaient des boucliers essentiels, mais le combat était incessant. Je savais que ma foi était ma meilleure arme, mais même cela semblait parfois insuffisant pour repousser les ténèbres qui m'entouraient.

Les nuits étaient les plus difficiles. Je me retrouvais souvent éveillée, hantée par des pensées sombres et des cauchemars. Les souvenirs des échecs et des pertes revenaient sans cesse, alimentant mon angoisse et ma tristesse. Mais chaque matin, je me levais avec une détermination renouvelée, prête à affronter un nouveau jour, à me battre encore une fois pour ma famille et pour moi-même. Je savais que le chemin serait long et difficile, mais je refusais de céder. Chaque jour était une nouvelle opportunité de me rapprocher de mes objectifs, de reconstruire ma vie malgré les obstacles. Ma foi et mon amour pour mes enfants étaient des sources inépuisables de force et de motivation. J'étais déterminée à surmonter les défis, à trouver la paix et la stabilité que je méritais.

Dans ce voyage ardu, je rends hommage à Maman Bernadette, la mère que Dieu m'a donnée après la perte de ma propre mère. Maman Bernadette était toujours là pour me soutenir, en prière et physiquement. Cette femme au grand cœur restait mon pilier, surtout lorsqu'il s'agissait de combattre les forces spirituelles obscures qui cherchaient à déstabiliser ma vie. Maman Bernadette, avec sa sagesse et son amour, était une source inestimable de réconfort et de guidance pour moi. Maman Bernadette n'était pas seulement un simple soutien; elle était une véritable guerrière spirituelle. Ensemble, nous passions des heures en prière, invoquant la protection divine contre les attaques spirituelles. Forte de sa foi inébranlable, Maman Bernadette me guidait à travers les moments les plus sombres, me rappelant constamment la puissance de Dieu et l'importance de rester ferme dans ma foi. À nos côtés se tenait le prophète de Dieu, prophète Gnagne. Cet homme de foi était dévoué à la mission de nous protéger, mes enfants et moi, contre les attaques spirituelles. Il était toujours présent, utilisant ses dons spirituels pour bloquer les assauts des forces obscures. Les prières ferventes du prophète Gnagne étaient des boucliers puissants, repoussant les ténèbres et apportant la lumière dans ma vie.

Les attaques spirituelles étaient lourdes et implacables. Elles ne visaient pas seulement moi, mais aussi mes enfants. Les petits souffraient souvent de cauchemars, de maladies inexplicables et de peurs irrationnelles. Avec l'aide de Maman Bernadette et du prophète Gnagne, nous organisions des séances de prière intensives pour protéger mes enfants et les délivrer de ces afflictions. Le soutien spirituel que je recevais était crucial pour leur bien-être. Malgré ces attaques incessantes, je trouvais la force de continuer grâce à la présence constante de Maman Bernadette et du prophète Gnagne. Ils m'offraient non seulement des prières, mais aussi des conseils pratiques pour naviguer les défis quotidiens. Leur sagesse et leur expérience étaient des phares dans la tempête, me guidant à chaque étape de ce chemin difficile. Les moments de prière avec Maman Bernadette et le prophète Gnagne étaient des sanctuaires de paix et de force. Ensemble, nous formions une communauté de foi inébranlable, unie par un objectif commun : protéger ma famille. Ces séances de prière étaient des moments de guérison et de renouveau spirituel, permettant de nous ressourcer et de nous préparer à affronter les défis à venir. Les enfants, bien que jeunes, ressentaient également la puissance de ces moments de prière. Ils apprenaient à faire confiance en Dieu et à trouver du réconfort dans la foi. Maman Bernadette et le prophète Gnagne jouaient un rôle crucial dans leur éducation spirituelle, leur enseignant l'importance de la prière et de la foi en toutes circonstances.

Je savais que le chemin serait semé d'embûches, mais je n'étais pas seule. Avec Maman Bernadette et le prophète Gnagne à mes côtés, je sentais une force et une protection divines qui m'aidaient à surmonter les obstacles. Leurs prières et leur soutien étaient des témoignages puissants de l'amour de Dieu et de la puissance de la foi partagée. Les attaques spirituelles, bien que redoutables, ne pouvaient pas éteindre la flamme de la foi qui brûlait en moi. J'étais résolue à continuer de me battre, à protéger mes enfants et à maintenir la lumière de Dieu dans notre vie. Ma détermination et ma foi inébranlable étaient des armes puissantes contre les forces obscures. Avec chaque jour qui passait, je me rapprochais un peu plus de mes objectifs. Mon amour pour mes enfants était une source de motivation inépuisable. Je savais que, malgré les défis, je trouverais la paix et la stabilité que je méritais. Grâce à Maman Bernadette et au prophète Gnagne, j'avançais avec confiance sur le chemin que Dieu avait tracé pour moi, certaine que le Seigneur serait toujours là pour me guider et me protéger. Cependant, la vie continuait de me poser des défis monumentaux. L'idée de participer à un concours de cuisine me traversa l'esprit comme une lueur d'espoir. Ce concours pouvait être une opportunité pour moi de montrer mon talent culinaire, de gagner en visibilité et peut-être d'obtenir un financement qui transformerait ma vie. Mais les obstacles semblaient insurmontables.

Le pays était en proie à une instabilité politique suite à une guerre qui l'avait secoué. Les mesures barrières imposées à cause de la pandémie avaient entraîné la fermeture de nombreux restaurants, y compris le mien. Sans ressources, sans aide gouvernementale et avec un enfant à charge, je me retrouvais dans une situation désespérée. Je n'avais que mon cœur vaillant et ma foi en Dieu pour m'aider à naviguer cette tempête. Je décidai de continuer à vendre des plats depuis mon restaurant, malgré les restrictions. Je savais que c'était risqué, mais je ne voyais pas d'autre moyen de subvenir à mes besoins et à ceux de mon enfant. Ma détermination était alimentée par l'espoir que Dieu ne m'abandonnerait pas. "Le Seigneur protège les étrangers et soutient l'orphelin et la veuve, mais il renverse la voie des méchants." (Psaume 146:9). Malheureusement, ma bravoure ne passa pas inaperçue.

Les jalousies et les dénonciations de certains de mes concurrents et voisins augmentèrent ma souffrance. Ces individus, jaloux de voir ma persévérance, me dénoncèrent aux autorités locales. Un jour, des corps habillés, encagoulés, firent une descente dans mon restaurant. Ils étaient déterminés à faire respecter les mesures sanitaires strictes imposées par le gouvernement. La scène était chaotique. Prise de panique mais gardant ma foi intacte, je priais silencieusement pour que Dieu intervienne. Je savais que ce n'était pas seulement ma survie financière qui était en jeu, mais aussi mon intégrité et ma dignité. Je me souvenais des paroles de Maman Bernadette et du prophète Gnagne, qui m'avaient souvent rappelé la promesse de Dieu de protéger ceux qui sont fidèles à lui. Les autorités commencèrent à inspecter le restaurant, cherchant des preuves de violations. Malgré l'angoisse, je restais calme, confiante que la main de Dieu me protégeait. À ma grande surprise, au moment où tout semblait perdu, l'un des agents, touché par la grâce de Dieu, demanda à me parler en privé. Il m'écouta attentivement, comprit mes difficultés et mes motivations. Ému par mon courage et ma détermination, il prit la décision de fermer les yeux sur les violations mineures qu'il avait constatées et de me laisser continuer à travailler. Ce geste de compassion, j'en étais convaincue, était la manifestation de la protection divine.

Cet événement renforça encore plus ma foi. Je continuais à travailler avec une détermination renouvelée. Je savais que Dieu ne m'avait pas abandonnée et que ma foi et ma persévérance porteraient leurs fruits. Je priais régulièrement, remerciant le Seigneur pour sa protection et demandant la force de continuer à surmonter les défis. Malgré les difficultés, je ne renonçai pas à l'idée du concours. Je commençai à économiser chaque centime possible et à chercher des moyens créatifs pour financer ma participation. Mes clients fidèles, touchés par mon histoire et ma résilience, commencèrent à me soutenir de manière plus significative, certains offrant même des dons pour m'aider à réaliser mon rêve. Le soutien de Maman Bernadette et du prophète Gnagne ne faiblit jamais. Ils continuaient à prier pour moi, à me conseiller et à me rappeler la promesse de Dieu : "Car je connais les projets que j'ai formés sur vous, dit l'Éternel, projets de paix et non de malheur, afin de vous donner un avenir et de l'espérance." (Jérémie 29:11). Ces paroles résonnaient dans mon cœur et me donnaient la force de persévérer. Ainsi, chaque jour, j'avançais avec foi et détermination. Je savais que, malgré les tempêtes et les obstacles, Dieu était à mes côtés, guidant chaque pas et protégeant chaque aspect de ma vie.

Chapitre 7

Lueur d'Espoir et Rédemption

J'avais enfin une lueur d'espoir dans ma vie. Après des mois de préparation intense et de prières ferventes, je réussis brillamment le concours d'intégration à la fonction publique. Ce succès représentait non seulement une opportunité professionnelle, mais aussi une véritable rédemption pour moi. C'était une nouvelle étape qui me permettait de me reconstruire, de redonner un sens à ma vie et de prouver que j'étais capable de surmonter tous les obstacles. Cependant, malgré cette victoire, les attaques spirituelles restaient mon quotidien. Chaque jour était une nouvelle bataille contre des forces invisibles qui tentaient de me décourager et de me faire abandonner. Je restais ferme dans ma foi, priant sans cesse pour la protection divine et pour la force de continuer à avancer malgré les épreuves. Julien, mon ex-mari, continuait de m'insulter et de me rabaisser à chaque occasion. Ses mots étaient venimeux, destinés à me détruire émotionnellement. Il me disait que je n'avais aucun avenir, que j'étais ingrate et que je méritais de passer le reste de ma vie dans un restaurant délabré. Ses attaques étaient incessantes, mais j'avais changé. J'avais grandi et ses injures ne m'atteignaient plus comme avant. Les paroles de Julien glissaient maintenant sur moi comme de l'eau sur les plumes d'un canard. Je ne pleurais plus à cause de ses insultes. J'avais appris à ignorer ses intimidations et à me concentrer sur ce qui était vraiment important : mes enfants, ma foi et mon avenir. Je savais que Dieu avait déjà commencé à transformer ma vie et que ce changement était irréversible.

Bien qu'il m'ait causé tant de douleur, je conservais un certain respect pour Julien. Malgré tout ce qu'il m'avait fait subir, il restait le père de mes enfants. Je tenais à ce qu'ils aient une image positive de leur père, même si cela signifiait faire des sacrifices pour préserver cette illusion. Mon respect pour lui n'était pas une faiblesse, mais une preuve de ma grandeur d'âme et de mon amour pour mes enfants. Chaque jour, je me rendais à mon nouveau travail avec un sentiment de fierté et de gratitude. Je voyais en cette opportunité la main de Dieu qui me guidait vers un avenir meilleur. Les défis étaient nombreux, mais je les affrontais avec une détermination renouvelée. Ma foi et mon amour pour mes enfants étaient des sources de motivation inépuisables. Les attaques spirituelles continuaient, mais j'étais préparée. Avec l'aide de Maman Bernadette et du prophète Gnagne, j'intensifiais mes prières et mes rituels de protection. Leur soutien était crucial, me donnant la force de repousser les forces obscures qui tentaient de me déstabiliser. Je savais que ma foi était mon bouclier le plus puissant. Au travail, je me distinguais rapidement par mon sérieux et mon dévouement. Mes collègues et mes supérieurs remarquaient mon ardeur au travail et ma capacité à surmonter les obstacles. Je commençais à me faire une place, à gagner le respect et l'admiration de ceux qui travaillaient avec moi. Chaque succès, chaque reconnaissance était une nouvelle preuve que Dieu avait un plan pour moi.

Je continuais également à gérer mon restaurant, veillant à ce que cette source de revenu supplémentaire reste viable. Les défis étaient nombreux, mais je les abordais avec une nouvelle perspective. Je voyais le restaurant non plus comme un fardeau, mais comme une opportunité de montrer ma résilience et ma capacité à transformer les difficultés en succès. Ma relation avec mes enfants était plus forte que jamais. Je leur inculquais les valeurs de la foi, de la persévérance et du respect. Ils étaient ma principale source de joie et de motivation, et je faisais tout pour leur offrir un avenir meilleur. Mes enfants voyaient en moi un modèle de force et de détermination, et cela les inspirait à leur tour. Je savais que le chemin était encore long, mais j'avançais avec une confiance renouvelée. Les épreuves que j'avais traversées m'avaient rendue plus forte et plus résiliente. Je voyais chaque défi comme une opportunité de grandir et de me rapprocher de mes objectifs. Avec Dieu à mes côtés, je savais que je pouvais tout surmonter. J'étais la preuve vivante que, malgré les attaques spirituelles et les difficultés de la vie, la foi et la détermination pouvaient transformer les épreuves en opportunités.

Je commençais maintenant les cours dans une institution de formation de l'État, une étape cruciale qui me permettrait de me perfectionner et d'élargir mes compétences. Je savais que cette formation était un don de Dieu, une opportunité de renforcer mon avenir professionnel et de mieux subvenir aux besoins de mes enfants. Le Seigneur, fidèle à ses promesses, suscitait toujours de bonnes volontés pour m'aider. Mes enfants grandissaient avec succès, gravissant les échelons d'une classe à une autre avec brio. Leur réussite scolaire était une source de grande fierté pour moi, voyant en eux les fruits de mes efforts et de ma foi inébranlable. Chaque réussite de mes enfants était une victoire partagée, un rappel que, malgré les difficultés, nous avancions ensemble vers un avenir meilleur. Je ne manquais pas de prétendants. Mon courage, ma beauté et ma détermination attiraient de nombreux hommes désireux de partager leur vie avec moi. Cependant, affectueusement surnommée "la marmaille" par mes amis, je restais réservée. Je refusais toujours l'intimité, consciente des risques émotionnels et spirituels que cela pouvait entraîner. Ma priorité était de rester concentrée sur mes enfants et mon développement personnel. Pourtant, je ne refusais pas l'aide des prétendants bien intentionnés. Je savais que certaines de leurs offres pouvaient être des réponses à mes prières, des moyens que Dieu utilisait pour me soutenir. J'acceptais leur aide avec gratitude, mais restais ferme dans mes limites, assurant que mes décisions étaient guidées par la sagesse et la prudence.

Ma foi en Dieu et mon engagement envers mes valeurs morales étaient inébranlables. La main de Dieu était constamment sur moi, me guidant à travers les défis et les décisions complexes. Chaque jour, je priais pour la sagesse et la direction divine. Je savais que seule la guidance de Dieu pouvait m'aider à naviguer les chemins parfois tortueux de la vie. Les prières de Maman Bernadette et du prophète Gnagne continuaient d'être des piliers dans ma vie spirituelle, renforçant ma foi et ma détermination. À l'institution de formation, je me distinguais par mon sérieux et ma soif d'apprendre.

Mes formateurs remarquaient mon dévouement et mon engagement, ce qui me valait le respect et l'admiration de mes pairs. Je voyais en cette formation non seulement une opportunité de croissance professionnelle, mais aussi une façon de témoigner de la bonté de Dieu dans ma vie. Mes enfants, inspirés par ma persévérance, suivaient mes pas avec enthousiasme. Ils travaillaient dur à l'école, motivés par l'exemple de leur mère. Leur réussite académique était non seulement un reflet de leur intelligence et de leur diligence, mais aussi de l'amour et du soutien inconditionnel que je leur offrais. Je les encourageais constamment à poursuivre leurs rêves et à avoir foi en leurs capacités.

Malgré les attaques spirituelles qui persistaient, je restais inébranlable. J'avais appris à les affronter avec courage et foi, sachant que Dieu était mon bouclier et ma forteresse. Les prières ferventes et la communion spirituelle avec ma communauté étaient des armes puissantes contre les forces obscures. Je savais que tant que je restais fidèle à Dieu, je serais protégée. Je continuais également à gérer mon restaurant avec succès. Malgré les défis économiques et les contraintes imposées par les autorités, je trouvais des moyens créatifs pour maintenir mon entreprise à flot. Mon restaurant était devenu un lieu de rencontre pour la communauté, un espace où les gens pouvaient se retrouver et partager des moments de convivialité. Chaque sourire et chaque mot de gratitude de mes clients étaient des encouragements précieux. Avec chaque jour qui passait, je voyais la réalisation des promesses de Dieu dans ma vie. Ma foi et ma détermination continuaient de transformer les épreuves en opportunités, ouvrant des portes là où il n'y avait que des murs. J'étais plus déterminée que jamais à poursuivre mon chemin, certaine que Dieu me guiderait toujours vers un avenir de paix et de prospérité. Ainsi, j'avançais avec confiance et espoir, soutenue par la main de Dieu et entourée de l'amour de ma famille et de ma communauté. Ma vie, bien que marquée par des défis, était un témoignage vivant de la puissance de la foi et de la résilience.

Pour me concentrer pleinement sur mes études et mon chemin spirituel, j'ai pris la décision difficile de fermer mon restaurant. Cette étape marquait un tournant important dans ma vie. Je savais que mes études et ma foi nécessitaient toute mon attention, et j'étais prête à faire ce sacrifice pour atteindre mes objectifs. À l'école, j'ai formé un groupe de prière avec d'autres étudiants partageant la même foi. Ce groupe est rapidement devenu un refuge de paix et de soutien spirituel pour tous ses membres. Nous nous réunissions régulièrement pour prier, partager des encouragements et nous fortifier mutuellement dans notre foi. Ces moments de communion étaient essentiels pour moi, car j'y puisais une grande force et une direction claire pour mon avenir. Cependant, les défis financiers étaient toujours présents. Je n'avais pas les moyens de payer les fascicules nécessaires pour mes cours. Consciente de l'importance de ces documents pour réussir mes études, j'ai pris mon courage à deux mains et suis allée voir le bureau de la comptabilité de mon institution. Avec humilité, j'ai demandé si ma bourse scolaire pouvait être utilisée pour acheter les fascicules dont j'avais besoin. Le personnel de la comptabilité, touché par ma détermination et mon sérieux, a accepté ma demande. Ils ont décidé de déduire le coût des fascicules de ma bourse scolaire, me permettant ainsi de poursuivre mes études sans cette préoccupation financière immédiate. Ce geste de bienveillance fut une preuve supplémentaire de la faveur de Dieu dans ma vie.

Les économies que j'avais accumulées grâce à mon restaurant s'amenuisaient rapidement. Chaque jour apportait son lot de dépenses imprévues et de difficultés financières. Pourtant, je ne perdais pas espoir. Je croyais fermement que Dieu pourvoirait à tous mes besoins, et cette foi inébranlable me soutenait dans les moments les plus sombres. Pendant ce temps, le groupe de prière à l'école continuait de croître et de prospérer. De plus en plus d'étudiants rejoignaient nos réunions, attirés par l'atmosphère de soutien et de foi qui y régnait. Avec mon leadership naturel et ma profonde spiritualité, je devenais une figure clé de ce groupe. J'inspirais les autres par mon exemple et mes paroles de sagesse. Ma foi, nourrie par mes prières et ma communauté, me donnait la force de persévérer. J'étudiais avec diligence, déterminée à exceller dans mes cours malgré les obstacles. Chaque jour, je voyais de petites victoires qui renforçaient ma conviction que Dieu était avec moi, guidant chacun de mes pas. Malgré les difficultés financières, je trouvais des moyens créatifs pour économiser et maximiser les ressources disponibles. Je faisais des choix prudents, m'assurant que chaque centime dépensé contribuait à mon bien-être et à celui de mes enfants. Ma frugalité et ma gestion avisée des ressources me permettaient de tenir le coup.

Mes enfants continuaient de prospérer, soutenus par l'amour et la foi que je leur donnais. Leur réussite scolaire et leur bonheur étaient des témoins de la bonté de Dieu et de ma résilience. Chaque réussite, chaque sourire de mes enfants, était une source de motivation supplémentaire, me rappelant pourquoi je me battais si durement. Avec chaque jour qui passait, je voyais les fruits de mes efforts et de ma foi. Je savais que les sacrifices que je faisais aujourd'hui porteraient des fruits abondants demain. Ma vie était un témoignage de la puissance de la foi, de la résilience et de la détermination. J'avançais avec confiance, sachant que Dieu était à mes côtés et que, malgré les défis, j'étais sur le bon chemin. En fin de formation, je me préparais mentalement à affronter une période de transition que j'imaginais difficile, une saison sèche où les opportunités se feraient rares. Pourtant, je continuais de prier et de faire confiance à la providence divine. Contre toute attente, l'Éternel fit un miracle dans ma vie. Un jour, alors que je terminais ma dernière semaine de formation, je fis une rencontre inattendue. C'était quelqu'un que j'avais oublié, un visage du passé que je ne me rappelais même plus. Cette personne, un ami rencontré dans une grande école avant le décès de mon oncle, avait cherché à me retrouver pendant plus de 20 ans. Cette rencontre marqua un nouveau chapitre de ma vie, une étape que je n'avais pas anticipée mais que je savais être guidée par la main de Dieu. L'ami en question m'avait profondément marquée par le passé, et nos retrouvailles inattendues semblaient être une intervention divine, une opportunité de rédemption et de renouveau.

Chapitre 8

Retrouvailles Inattendues, l'Amour Perdu

Les retrouvailles inattendues avec cet homme que j'avais perdu de vue depuis plus de 20 ans furent une véritable surprise. À l'école, je l'admirais tant sans vraiment comprendre pourquoi, et le voilà qui refaisait surface dans ma vie de manière totalement inattendue. À l'époque, j'étais une jeune fille pleine de rêves et de promesses, déterminée à épouser Julien. Mais la vie avait pris des chemins imprévus, et cet homme, dont le souvenir s'était estompé avec le temps, réapparut comme un fantôme bienveillant du passé. Nous nous sommes rencontrés dans une situation banale, mais le moment fut tout sauf ordinaire. Je ne me souvenais pas de lui tout de suite, ma mémoire étant embrumée par les années et les épreuves. Mais quelque chose dans son regard, une étincelle de familiarité, me ramena à ces jours innocents de l'école. Cet homme, dont j'avais parlé plus haut dans ce livre, était un jeune rempli de vie, intelligent et studieux. Nous avions partagé la même classe, nous côtoyant quotidiennement. Notre complicité était naturelle, mais elle était teintée d'une certaine retenue. À l'époque, j'étais déjà promise à Julien, et ma parole, que je considérais sacrée, me liait fermement à cet engagement.

Malgré cette promesse, il y avait toujours eu quelque chose de spécial entre nous. Je me souvenais de sa vivacité d'esprit, de nos discussions passionnées sur nos études et sur la vie en général. Nous partagions des moments de complicité et d'amitié sincère, mais aucune de nos conversations n'avait jamais franchi la barrière de l'engagement romantique. Pour moi, il était inconcevable de trahir la promesse que j'avais faite à Julien, une promesse que je voulais à tout prix honorer. À la fin de l'année scolaire, nos chemins se sont séparés brutalement. Il avait reçu son diplôme de BTS avec honneurs, prêt à entamer un nouveau chapitre de sa vie. Moi, en revanche, j'avais vu mes projets de fin d'année interrompus par le décès soudain de mon oncle, une figure paternelle importante dans ma vie. Cette perte m'avait dévastée, et je n'avais pas pu finir l'année scolaire. Le chaos émotionnel qui en avait résulté m'avait éloignée de mes ambitions académiques, me plongeant dans une période de deuil et de confusion. Cet homme, dont j'apprenais maintenant qu'il s'appelait David, avait quitté la ville peu de temps après, s'évaporant dans la nature comme une brume matinale. Il avait poursuivi ses études et sa carrière ailleurs, laissant derrière lui les souvenirs d'une amitié sincère et inexplorée. Absorbée par mes propres épreuves et par la tourmente de ma vie avec Julien, j'avais peu à peu enfoui ces souvenirs, jusqu'à les oublier presque complètement.

Pendant ce temps, David avait suivi un parcours bien différent. Après avoir obtenu son diplôme de BTS, il avait reçu une bourse pour continuer ses études en Europe, une opportunité qu'il ne pouvait pas refuser. Ce fut le début d'une nouvelle aventure qui l'emmena d'abord en Norvège. En Norvège, David se spécialisa dans les énergies renouvelables, un domaine qui le passionnait depuis longtemps. Le pays, connu pour son avance en matière de technologies vertes, offrait un environnement propice à l'apprentissage et à l'innovation. Les années qu'il y passa furent formatrices, tant sur le plan académique que personnel. Il se plongea dans ses études avec la même détermination et la même rigueur qui l'avaient caractérisé depuis son enfance. La Norvège fut aussi un lieu de découverte pour David, non seulement sur le plan académique mais aussi culturel. Il apprit à apprécier la culture scandinave, avec ses valeurs de respect de l'environnement et de solidarité sociale. Cependant, malgré les opportunités et les richesses que ce pays offrait, il ressentait parfois une certaine solitude. Les hivers longs et froids accentuaient ce sentiment, et il lui arrivait de se rappeler les jours plus ensoleillés et chaleureux de son pays d'origine. Après ses études, David s'installa à Nice, en France. Nice, avec ses plages et son ambiance cosmopolite, offrait à David un style de vie différent. Il appréciait les promenades le long de la Promenade des Anglais, les marchés locaux et la cuisine française. Cependant, malgré tout ce que cette ville avait à offrir, une partie de lui se sentait toujours un peu étrangère, éloignée de ses racines et de ses souvenirs d'enfance.

David menait une vie réussie, mais il lui manquait quelque chose. Il pensait souvent à ses années d'études, aux amis qu'il avait laissés derrière et, bien sûr, à moi. Bien que nos chemins se soient séparés de manière abrupte, il n'avait jamais complètement oublié cette jeune fille pleine de vie et de rêves. Les souvenirs de notre camaraderie, bien que flous, restaient ancrés dans sa mémoire. Il se demandait souvent ce que j'étais devenue, mais la vie, avec ses impératifs et ses distractions, l'avait toujours empêché de chercher à renouer le contact. Peut-être aussi la sorcellerie qui tourmentait ma vie avait-elle joué un rôle, érigeant des barrières invisibles qui avaient empêché nos chemins de se croiser à nouveau. Le destin, cependant, a sa propre manière de réécrire les histoires. De retour en France après de nombreuses années passées à voyager à travers le monde pour ses études et son travail, David ressentit un vide qu'il ne pouvait ignorer. La nostalgie de ses années passées au pays natal et des visages familiers le poussèrent à rechercher des personnes de son passé. Parmi elles, je restais une énigme qu'il souhaitait résoudre.

David entreprit alors une recherche sur Facebook, espérant que la technologie moderne pourrait l'aider à retrouver ma trace. Pendant plusieurs années, ses recherches restèrent infructueuses. Les noms similaires, les profils inactifs, ou simplement l'absence de présence en ligne de ma part firent que ses tentatives restèrent vaines. Mais il ne se découragea pas. Il savait au fond de lui que cette quête était importante. Un jour, alors qu'il était en mission en Espagne, comme par miracle, mon profil apparut sur son écran. David resta figé, surpris et ému de voir mon visage après tant d'années. J'étais différente, plus mature, mais toujours aussi lumineuse. Le cœur battant, il hésita un moment avant de m'envoyer une demande d'amitié. Il ne savait pas comment je réagirais, ni même si je me souviendrais de lui. Mais il prit son courage à deux mains et cliqua sur "Ajouter". Quelques heures plus tard, à sa grande surprise, j'acceptai la demande. David sentit une vague d'émotion l'envahir. Il n'était pas encore sûr de ce qu'il allait dire ou comment reprendre contact après tant d'années, mais il savait qu'il devait essayer. Nous commençâmes par échanger des messages simples, prenant des nouvelles l'un de l'autre, évoquant nos parcours respectifs. Les conversations, d'abord timides, devinrent rapidement plus chaleureuses et naturelles, comme si le temps n'avait pas vraiment effacé notre complicité. Je lui racontai mes épreuves, la vie difficile que j'avais menée avec Julien, les combats spirituels et personnels que j'avais dû affronter. David, de son côté, partagea ses aventures en Europe, ses réussites et ses défis. Nous découvrîmes avec surprise combien nos vies avaient été différentes, mais aussi combien nous avions grandi et mûri de manière similaire.

David se rendit compte que le destin avait joué un rôle crucial dans nos retrouvailles. Il était étonnant de voir comment nos chemins, après avoir divergé si longtemps, se croisaient à nouveau. Je lui racontai comment j'avais lutté contre les forces obscures qui semblaient peser sur ma vie, un combat qui m'avait rendue plus forte et plus résiliente. David, tout en écoutant, ressentit une profonde admiration pour moi. Il voyait en moi non seulement une survivante, mais aussi une guerrière, quelqu'un qui avait surmonté d'immenses obstacles avec grâce et courage. Nos échanges devinrent de plus en plus réguliers et intenses. Nous nous confiions nos espoirs, nos rêves et nos peurs. David était particulièrement touché par la manière dont je parlais de mes enfants, de mon amour pour eux et de mon désir de leur offrir une vie meilleure. De mon côté, j'étais impressionnée par la sincérité et l'humilité de David, qui malgré ses succès, restait profondément ancré dans des valeurs de compassion et de gentillesse. Un jour, alors que nous discutions de notre prochaine rencontre possible, David proposa de faire une pause dans sa mission en Espagne pour venir me voir. Il sentait qu'il était temps de passer du virtuel au réel, de reprendre là où nous nous étions arrêtés il y a tant d'années. Bien que nerveuse, j'acceptai avec enthousiasme. L'idée de revoir David en personne me remplissait de joie et d'appréhension. Ainsi, ce fut décidé. David réserverait un vol pour notre pays natal, où il me retrouverait après tant d'années de séparation. Les retrouvailles promettaient d'être émotionnelles, un moment de réconciliation avec le passé et d'ouverture vers un futur incertain mais plein de promesses.

❖ *Le Jour de la Rencontre*

Le jour tant attendu arriva enfin. David, le cœur battant d'excitation et de nervosité, atterrit dans notre ville natale. Après tant d'années à rêver de ce moment, il était enfin là, prêt à me revoir. Il prit un taxi directement depuis l'aéroport et, malgré l'heure tardive, se dirigea vers le lieu où je résidais actuellement, un dortoir pour étudiantes. Il était 22h quand il arriva devant le bâtiment, l'obscurité de la nuit ajoutant une aura de mystère et d'anticipation à l'instant. David, bien qu'un peu fatigué du voyage, n'hésita pas à m'appeler pour m'annoncer son arrivée. Son cœur battait plus vite alors qu'il composait mon numéro, impatient mais aussi inquiet de ma réaction. De mon côté, j'étais submergée par un mélange d'émotions. J'hésitais à le rencontrer, me demandant comment David me percevrait après tout ce temps. Des pensées tourbillonnaient dans mon esprit : "Comment me trouvera-t-il ? Aurait-il pitié de moi ou juste m'appréciera-t-il telle que je suis ?" Je me souvenais des jours où j'étais étudiante, avec mes rondeurs et ma forme éclatante. À cette époque, je débordais d'énergie et de vitalité. Mais la réalité actuelle était bien différente. J'avais perdu du poids, conséquence des pressions des études et de la vie en général. Je n'étais plus la jeune fille insouciante d'autrefois, mais une femme forgée par les épreuves et les défis. Cette transformation me rendait anxieuse à l'idée de revoir David, quelqu'un qui m'avait connue sous une autre apparence et dans une autre phase de ma vie.

Après quelques instants de réflexion et d'hésitation, j'ai pris une profonde inspiration et décidé de descendre le rencontrer. Je savais que je ne pouvais pas laisser mes insécurités m'empêcher de vivre ce moment important. Avec une volonté de ne pas donner l'impression que j'avais des intentions particulières, même si, au fond, je savais que je ressentais quelque chose pour David, j'ai choisi une robe villageoise simple et un foulard. Ce choix vestimentaire, bien que modeste, reflétait mon désir de rester authentique et de ne pas susciter de malentendus. Étant célibataire depuis un certain temps, je n'avais jamais permis à personne d'atteindre une telle proximité. J'avais toujours été méfiante des hommes, les considérant souvent comme des êtres imprévisibles et potentiellement nuisibles. Cette méfiance n'était pas sans raison ; j'avais souffert de blessures intérieures profondes et persistantes, laissant en moi une cicatrice indélébile. J'avais appris à me protéger, à ériger des murs pour éviter de me blesser à nouveau.

Pour moi, tous les hommes étaient pareils : séduisants en apparence, mais souvent décevants et dangereux. Cette conviction, née de mes expériences passées, m'avait maintenue à distance de toute relation amoureuse. J'avais choisi de me concentrer sur moi-même et sur mes enfants, trouvant du réconfort dans ma foi et ma communauté. Pourtant, malgré ces résolutions, je ne pouvais ignorer l'admiration que j'avais toujours ressentie pour David, cet homme qui avait marqué ma jeunesse et que je retrouvais maintenant, des décennies plus tard. Descendant les escaliers, je me sentais partagée entre l'appréhension et l'excitation. La pensée de revoir David, de ressentir peut-être une étincelle de cette admiration que j'avais autrefois pour lui, m'emplissait d'une émotion que je n'avais pas ressentie depuis longtemps. Je me demandais comment il me percevrait, s'il me verrait toujours comme la jeune fille pleine de vie et de rêves qu'il avait connue ou s'il se concentrerait sur la femme plus mature et marquée par la vie que j'étais devenue.

En franchissant la porte d'entrée du dortoir, je l'aperçus, debout, m'attendant paticmment dans la cour. Il y avait juste assez de lumière pour distinguer son visage. Lorsqu'il me vit, un sourire chaleureux illumina son visage. Avec mon allure simple et ma robe villageoise, je semblais incarner une simplicité et une authenticité qui touchaient David profondément. Il ne voyait pas seulement la femme devant lui, mais aussi la force et la résilience que je dégageais. David s'approcha doucement, respectant mon espace, conscient de la délicatesse de ce moment. Il me fit un compliment sincère, notant à quel point je semblais paisible et authentique. Touchée par ses mots, je sentis une partie de ma tension s'évaporer. Je me rappelai pourquoi j'avais toujours admiré cet homme : sa sincérité et sa capacité à voir au-delà des apparences. Sans trop savoir pourquoi, une vague d'émotion me submergea. Avant même de m'en rendre compte, je me jetai dans les bras de David. C'était un geste spontané, né de l'accumulation de tant d'années d'absence et de toutes les émotions refoulées que j'avais ressenties. C'était comme si, en un instant, tout le poids des années passées et des difficultés s'était envolé, laissant place à une chaleur réconfortante. David, surpris mais heureux, m'accueillit dans ses bras avec douceur, me serrant tendrement. Nous restâmes ainsi, enlacés, pendant ce qui sembla être une éternité. C'était un moment d'une intensité rare, où les mots n'étaient pas nécessaires. Nos cœurs battaient à l'unisson, et nous pouvions sentir les battements l'un de l'autre, témoignant de l'émotion partagée. Pour moi, c'était comme retrouver un ami perdu, un refuge sûr où je pouvais enfin me laisser aller sans crainte ni réserve.

David, de son côté, ressentait une profonde gratitude et un immense respect pour moi. Il savait tout ce que j'avais traversé, même si je n'en avais partagé qu'une partie. Ce moment de proximité physique et émotionnelle n'était pas simplement une étreinte, mais un acte de réconciliation avec le passé, une reconnexion avec une amitié qui avait survécu au temps et à la distance. Lorsqu'ils se détachèrent enfin, ce fut avec une tendresse palpable. Nous nous regardâmes dans les yeux, nos visages illuminés par un sourire sincère. Il n'y avait pas besoin de mots pour exprimer ce que nous ressentions ; le silence entre nous était chargé de sens. C'était comme si, à travers ce simple échange de regards, nous nous disions tout ce que nous n'avions jamais pu nous dire. Le temps semblait s'être arrêté. David et moi restâmes assis l'un à côté de l'autre, parfois se parlant doucement, d'autres fois simplement profitant de la compagnie de l'autre. Les moments de silence n'étaient pas gênants, mais remplis d'une profonde compréhension mutuelle. Nous partagions une complicité retrouvée, une intimité qui transcendait les mots.

Pour moi, ce fut un moment de libération. Je réalisai que je n'avais plus besoin de porter le fardeau de mes peurs et de mes doutes. Avec David, je pouvais être moi-même, vulnérable et forte à la fois. Je me sentais en sécurité, comme si j'avais enfin trouvé quelqu'un qui comprenait vraiment qui j'étais, au-delà des apparences et des façades. David, quant à lui, était ému par la confiance que je lui accordais. Il se sentait honoré que je me sois ouverte à lui, partageant une partie de ma vie et de mes sentiments. Pour lui, ce moment n'était pas seulement une redécouverte d'une vieille amitié, mais aussi une opportunité de construire quelque chose de nouveau, basé sur la compréhension et le respect mutuel.

Nous savions tous deux que ce moment marquait le début d'une nouvelle phase dans notre relation. Rien n'était encore défini, mais nous étions prêts à explorer ce qui pourrait être, avec patience et ouverture. Moi, avec mon passé de blessures et de résilience, et David, avec sa sincérité et sa bienveillance, semblions parfaitement alignés pour nous soutenir mutuellement dans cette nouvelle aventure. Ainsi, nous continuâmes à parler et à nous sourire, profitant de la simplicité de ce moment retrouvé.

La nuit avançait, mais nous ne ressentions ni fatigue ni envie de nous quitter. Nous étions là, ensemble, deux âmes qui s'étaient retrouvées après des années de séparation, prêtes à écrire un nouveau chapitre de leur histoire. Ce fut une soirée que nous ne serions pas près d'oublier, une soirée où le passé et le présent se mêlaient pour créer un futur plein de promesses et d'espoir.

❖ *Une Soirée de Confidences et de Nouvelles Perspectives*

La nuit tirait à sa fin, mais nous ne voyions pas le temps passer. David, sentant que la soirée ne devait pas encore se terminer, proposa de sortir pour prendre un pot. Il suggéra un petit maquis tout près, un endroit simple et convivial juste en face. J'acceptai sans hésiter, heureuse de prolonger ce moment de complicité. Nous nous dirigeâmes vers le maquis, où l'atmosphère était animée mais décontractée, propice à une conversation intime. Installés à une table en plein air, nous commandâmes du poulet braisé, une spécialité locale que nous aimions tous les deux. Nous prîmes également une bière pour accompagner le repas. Le fumet appétissant du poulet grillé ajoutait à l'ambiance chaleureuse de la soirée. Tout en savourant notre repas, nous continuâmes de discuter, partageant des anecdotes et des souvenirs. Ce fut à ce moment que David, avec une sincérité touchante, commença à parler de sa propre vie. Il expliqua qu'il n'avait pas eu la chance de connaître la stabilité et le bonheur dans son foyer. Il avait, lui aussi, vécu des troubles dans son couple. Les relations avec son ancienne épouse avaient été tumultueuses, marquées par des incompréhensions et des désaccords constants.

Mais ce qui l'avait le plus affecté, c'était la présence insidieuse de la sorcellerie familiale.

David expliqua comment les pratiques occultes de certains membres de sa famille avaient semé le chaos dans sa vie. À plusieurs reprises, ses projets avaient échoué de manière inexplicable, et il se sentait constamment entouré d'une énergie négative qui semblait vouloir saboter ses efforts. La tension entre sa vie personnelle et ces forces occultes avait pesé lourdement sur lui, le rendant méfiant et prudent dans ses relations. J'écoutais attentivement, ressentant une profonde empathie pour David. Je comprenais parfaitement ce qu'il avait traversé, ayant moi-même lutté contre des forces similaires. Notre conversation devint plus sérieuse, chacun partageant les moments où nous avions senti que tout était contre nous. C'était un échange sincère et honnête, une ouverture de cœur qui renforça encore plus notre connexion. David continua en racontant comment, malgré tous ces obstacles, la providence avait fini par lui sourire. Il avait été recruté par une ONG internationale, un poste qui lui avait permis de s'éloigner des influences toxiques de sa famille et de reconstruire sa vie. Ce travail lui avait offert une nouvelle perspective et une stabilité financière, bien que la perfection ne soit jamais atteinte. Même avec cette réussite, il ressentait toujours un vide, un manque qu'il ne pouvait combler qu'en retrouvant des relations authentiques et sincères.

Touchée par l'ouverture de David, je me sentis encore plus proche de lui. Je me rendis compte que nous partagions non seulement un passé commun, mais aussi des expériences similaires de lutte et de résilience. Nos vies, bien que différentes, avaient été marquées par des défis qui nous avaient poussés à nous dépasser. Ce fut une révélation pour moi, un moment de compréhension mutuelle qui allait au-delà des mots. Nous continuâmes à parler, nos voix se mêlant au brouhaha doux du maquis. La simplicité de l'endroit contrastait avec la profondeur de notre conversation, créant une atmosphère intime et authentique. Je me sentais à l'aise, libre de partager mes propres expériences sans crainte de jugement. Je me rendis compte que, malgré toutes les épreuves, j'avais trouvé quelqu'un avec qui je pouvais être moi-même. La nuit avançait, et bien que nous ne souhaitions pas que ce moment prenne fin, nous savions tous deux que nous avions besoin de temps pour digérer tout ce que nous avions partagé. David, avec une douceur caractéristique, proposa de me raccompagner. J'acceptai, reconnaissante de sa considération et de sa gentillesse. Ensemble, nous quittâmes le maquis, marchant côte à côte dans la nuit tranquille.

En arrivant devant le dortoir, nous nous arrêtâmes, prenant un moment pour savourer la fin de cette soirée mémorable. David me regarda avec une affection sincère, exprimant sa gratitude pour cette rencontre inattendue et la profondeur de notre échange. Touchée par ses paroles, je me sentis réconfortée et pleine d'espoir. Nous nous dîmes au revoir, avec la promesse de nous revoir bientôt. Cette soirée avait été bien plus qu'une simple retrouvaille; c'était le début d'une nouvelle aventure, une ouverture vers des possibilités infinies. Nous avions trouvé en l'autre un allié précieux, quelqu'un avec qui partager les hauts et les bas de la vie. La nuit, avec ses secrets et ses promesses, nous enveloppa alors que nous nous séparions, chacun portant dans son cœur une lueur de renouveau et de possibilités. Bien que ni David ni moi n'ayons exprimé ouvertement nos sentiments, il était évident pour chacun qu'une affection particulière grandissait entre nous. Nos regards, nos sourires, et les silences partagés disaient bien plus que les mots ne pouvaient exprimer.

De retour chez moi, je ne pus m'empêcher de raconter cette aventure à mes enfants au téléphone. Je leur parlai de la soirée, de la douceur et de la compréhension de David. Les enfants, en écoutant leur mère, ressentirent ma joie et ma sérénité. Ils furent ravis de voir leur mère enfin heureuse, l'idée qu'elle puisse trouver à nouveau le bonheur leur réchauffait le cœur. Pour eux, cette rencontre était un signe d'un nouveau départ, une chance pour moi de laisser derrière moi les douleurs du passé. Le plus jeune des enfants, qui avait été particulièrement affecté par les insultes et le manque de compassion de son père, exprimait avec innocence et sagesse son désir d'avoir un père présent et aimant. Il voyait en David une figure paternelle potentielle, quelqu'un qui pourrait apporter une stabilité et un amour sincère à notre famille. Ces paroles me touchèrent profondément, réalisant à quel point mes enfants avaient souffert de l'absence d'une figure paternelle positive.

Deux jours plus tard, David repartit en Espagne pour terminer sa mission. Avant de partir, il me promit qu'il reviendrait bientôt et qu'il ne me perdrait jamais de vue. Cette promesse, bien que simple, portait en elle l'espoir d'un avenir partagé. David était déterminé à être présent dans ma vie, peu importe les défis ou la distance. Pour moi, c'était le début d'une nouvelle histoire, une histoire que je n'avais jamais osé espérer. Moi, qui pensais avoir tout perdu, me retrouvais maintenant avec une perspective de bonheur renouvelée. Le souvenir des mots cruels de mon ex-mari, qui m'avait souvent répété que ma vie était finie et que je finirais dans la misère, semblait maintenant loin derrière moi. Le Seigneur venait de se glorifier dans ma vie, m'offrant une nouvelle chance, un chemin vers la paix et la rédemption. Avec le retour de

David en Espagne, nous commençâmes à communiquer régulièrement, tissant un lien de plus en plus fort. Chaque appel, chaque message renforçait notre connexion, nous permettant de nous découvrir davantage. Nous partagions nos journées, nos pensées, et nos espoirs, créant une complicité qui allait au-delà des simples retrouvailles. Je me sentais bénie de cette nouvelle présence dans ma vie. Je savais que le chemin serait encore long et que nous devrions faire face à de nombreux défis, mais j'étais prête à avancer avec foi et courage. David représentait non seulement un espoir de bonheur personnel, mais aussi une chance pour mes enfants de connaître une vie de famille épanouie et aimante.

Les enfants, quant à eux, s'attachaient progressivement à l'idée que David puisse faire partie de leur vie. Ils étaient curieux et impatients de le revoir, de mieux le connaître et de voir ce que l'avenir nous réservait. Pour eux, la perspective d'un nouveau père, qui pourrait leur offrir amour et sécurité, était une lueur d'espoir qu'ils n'avaient pas osé imaginer. Ainsi, une nouvelle page s'écrivait pour mes enfants et moi. Le passé, bien que douloureux, devenait un lointain souvenir à mesure que nous construisions un avenir rempli de promesses. Le Seigneur avait montré sa miséricorde et sa bonté, nous guidant vers une vie de joie et de paix. Je ne savais pas exactement ce que l'avenir nous réservait, mais j'étais prête à l'affronter avec confiance, entourée de l'amour de mes enfants et du soutien indéfectible de David. Ma vie, autrefois marquée par les épreuves et les échecs, prenait maintenant une tournure inattendue. Je me sentais renaître, portée par l'espoir et la foi. Le chemin vers la rédemption et le bonheur était enfin ouvert, et j'étais prête à l'emprunter, main dans la main avec ceux que j'aimais.

Conclusion

Ce livre est le récit d'une vie marquée par des défis, des combats et des moments de grâce. Mon voyage, du village à la ville, a été ponctué de moments de bonheur et de profonde tristesse, de périodes de misère et de renaissance. À travers les épreuves du mariage et les combats spirituels, j'ai découvert des leçons précieuses de résilience, de foi et d'espoir. Mon voyage, de mon village natal jusqu'à la ville, a été un chemin parsemé d'embûches et de combats spirituels, mais aussi d'espoir et de rédemption. De la simplicité de la vie villageoise aux complexités de la ville, j'ai traversé des moments de joie et de profonde tristesse. Mon mariage, autrefois plein de promesses, s'est transformé en un champ de bataille spirituel, où la misère et les épreuves semblaient être mes seuls compagnons. Pourtant, à travers tout cela, j'ai découvert la force de la foi et l'espoir d'un avenir meilleur. Dans le village, ma vie était simple mais remplie de rêves. Ces rêves ont été mis à l'épreuve par les réalités de la ville, où le mariage a apporté son lot de défis. La misère, les conflits, et les combats spirituels ont marqué cette période de ma vie. J'ai dû faire face à des forces obscures qui menaçaient de m'anéantir, mais à chaque étape, ma foi en Dieu a été mon bouclier. "L'Éternel est mon berger: je ne manquerai de rien. Il me fait reposer dans de verts pâturages, il me dirige près des eaux paisibles." (Psaume 23:1-2). Ce verset m'a rappelé que, même dans les moments de difficulté, Dieu est toujours présent pour nous guider vers des lieux de paix.

La vie en ville a apporté de nouveaux défis, mais aussi de nouvelles opportunités. Les épreuves que j'ai traversées m'ont enseigné des leçons de résilience et de persévérance. J'ai appris que même dans la misère la plus profonde, il y a toujours un moyen de se relever. "Nous sommes pressés de toute manière, mais non réduits à l'extrémité; dans la détresse, mais non dans le désespoir; persécutés, mais non abandonnés; abattus, mais non perdus." (2 Corinthiens 4:8-9). Ces paroles m'ont toujours encouragée à continuer, à ne jamais abandonner, même lorsque tout semblait perdu. Les combats spirituels ont été une grande partie de mon voyage. J'ai appris à naviguer ces eaux tumultueuses, à me protéger et à protéger ma famille contre les forces négatives. Ce fut une période de grande lutte, mais aussi de croissance spirituelle. Grâce à la prière et au soutien de personnes bienveillantes, j'ai trouvé la force de résister et de surmonter ces épreuves. "Soyez sobres, veillez. Votre adversaire, le diable, rôde comme un lion rugissant, cherchant qui il dévorera." (1 Pierre 5:8). Ce verset m'a rappelé l'importance de rester vigilant et fort dans la foi.

Puis, au milieu de la tourmente, l'espoir a commencé à renaître. J'ai découvert que, même après les pires tempêtes, il est possible de trouver la paix et la rédemption. La rencontre avec des personnes bienveillantes, le soutien inattendu de ceux qui m'aimaient vraiment, et l'éveil de nouvelles perspectives ont été des signes de l'amour de Dieu. "Je sais que mon Rédempteur est vivant, et qu'il se lèvera le dernier sur la terre." (Job 19:25). Ce verset a été une ancre dans les moments de doute, me rappelant que la rédemption est toujours possible.

En revisitant ces expériences, je réalise à quel point chaque étape, aussi difficile soit-elle, a été essentielle pour forger la personne que je suis aujourd'hui. J'ai appris que la foi en Dieu est une ancre solide qui nous maintient à flot même dans les tempêtes les plus violentes. "Car je connais les projets que j'ai formés sur vous, dit l'Éternel, projets de paix et non de malheur, afin de vous donner un avenir et de l'espérance." (Jérémie 29:11). Ce verset m'a toujours rappelé que, malgré les difficultés, Dieu a un plan pour chacun de nous, un plan de paix et d'espérance. Les moments de désespoir ont été nombreux, mais ils m'ont également appris la valeur du pardon, de la réconciliation et de la persévérance. J'ai découvert que le pardon est une clé essentielle pour se libérer des chaînes du passé et ouvrir la voie à la guérison et à la paix intérieure. "Soyez bons les uns envers les autres, compatissants, vous pardonnant réciproquement, comme Dieu vous a pardonné en Christ." (Éphésiens 4:32). Pardonner, c'est se donner la chance de vivre pleinement et librement.

La résilience a été une autre leçon cruciale. J'ai appris que la vie peut nous jeter à terre, mais c'est notre capacité à nous relever qui définit notre force. "Nous sommes pressés de toute manière, mais non réduits à l'extrémité; dans la détresse, mais non dans le désespoir; persécutés, mais non abandonnés; abattus, mais non perdus." (2 Corinthiens 4:8-9). Ce verset est un témoignage puissant de la capacité humaine à surmonter les obstacles et à trouver de nouvelles voies. Enfin, l'espoir a toujours été un fil conducteur dans mon histoire. Même lorsque tout semblait perdu, l'espoir d'un avenir meilleur a toujours brillé au loin. La rencontre avec des personnes bienveillantes, le soutien inébranlable de la communauté et la renaissance de l'amour ont été des signes de la bonté de Dieu. "Je sais que mon Rédempteur est vivant, et qu'il se lèvera le dernier sur la terre." (Job 19:25). Ce verset m'a rappelé que, même dans les moments les plus sombres, il y a toujours une lumière qui guide nos pas

En conclusion, ce livre est un témoignage de la puissance de la foi, de l'amour et de la résilience. Mon parcours, bien qu'entrecoupé de défis et de moments de doute, a été enrichi par des leçons précieuses et des expériences transformatrices. Je veux encourager chaque lecteur à ne jamais perdre espoir, à croire en la rédemption et en un avenir meilleur, peu importe les épreuves. "Mais ceux qui espèrent en l'Éternel renouvellent leur force. Ils prennent leur essor comme les aigles; ils courent, et ne se lassent point; ils marchent, et ne se fatiguent point." (Ésaïe 40:31). Que cette histoire soit une source d'inspiration, un rappel que la vie, avec tous ses défis, offre toujours des possibilités de renouveau et de joie. Que Dieu vous bénisse et vous guide sur votre chemin.

Le Chemin de Ma Vie

"Dans les ténèbres de la vie, l'espoir est cette petite lumière qui éclaire le chemin, nous rappelant que même la nuit la plus sombre est suivie d'une aube lumineuse."

— **Victor Hugo**

Made in the USA
Coppell, TX
06 November 2025